Sphynx (Gato Pelado Canadense)

LUIS SILVA

Índice

SPHYNX   1

(GATO PELADO CANADENSE)   1

ÍNDICE   3

LISTA DE NÚMEROS   8

CONHECIMENTOS BÁSICOS SOBRE OS GATOS SPHYNX   9

VISÃO GERAL DAS RAÇAS   10

    Esfinge canadiana   10
    Don Sphynx   12
    Gatos de Kohona   14
    Gatos de Peterbald   15
    Gatos Bambino de Pernas Curtas   16
    Levkoy ucraniano de orelhas murchas   17
    Elf cat   17

CARACTERÍSTICAS COMUNS DA RAÇA   18

    Toda a nudez não é a mesma.   18
    O carácter amoroso   18

PRECONCEITOS QUE NÃO SÃO CONFIRMADOS.   19

DOENÇAS HEREDITÁRIAS TÍPICAS	19
TORTURAR A REPRODUÇÃO OU NÃO?	20
DEMASIADO SENSÍVEL PARA O AR LIVRE	22
ALERGIAS CONTRA OS GATOS	23

CUIDADOS E SAÚDE — 24

PREVENIR PROBLEMAS DENTÁRIOS	24
CUIDADOS COM A PELE	25
CUIDADOS COM AS GARRAS	26
LIMPEZA DOS OUVIDOS	26
LIMPEZA DOS OLHOS	27

PRESTE ATENÇÃO ÀS NECESSIDADES — 27

JUNTAR GATOS ESTRANHOS	28
SOCIALIZAR COM OUTROS ANIMAIS	28
HABITUAR O SPHYNX AOS CÃES	29
INTERACÇÕES COM O POVO	30

DIETA DOS GATOS SPHYNX — 32

COMIDA HÚMIDA OU SECA?	32
CARACTERÍSTICAS DE UMA BOA ALIMENTAÇÃO PARA GATOS	34
ENCORAJAR OS GATOS A BEBER	35
LEITE E PETISCOS	36
O QUE DEVE SABER SOBRE O FORNECIMENTO DE VITAMINAS.	36

A CRIAÇÃO DE GATOS SPHYNX — 39

O ACESSO LIVRE DESCONTROLADO NÃO É POSSÍVEL. — 40
DICAS PARA MOBILAR A ÁREA EXTERIOR — 41
DESENHO DE UM APARTAMENTO AMIGO DO GATO — 41
HIGIENE E CRIAÇÃO DE GATOS — 42
FORNECIMENTO EM FÉRIAS — 43

CRIAR UM AMBIENTE SEGURO — 43

SEGURANÇA PARA VARANDAS E JANELAS — 43
PERIGOS MORTAIS DE JANELAS BASCULANTES — 44
ATTENTION POISON — 45
PENSE TRIDIMENSIONALMENTE — 45
PERIGOS ESPECIAIS PARA OS GATINHOS — 46

VISITAS SANITÁRIAS E VETERINÁRIAS — 46

SEGURO DE SAÚDE PARA ANIMAIS — 46
VACINAR COM COMPREENSÃO — 47
PORQUE É QUE A LASCA É IMPORTANTE. — 49
A CASTRAÇÃO É O BEM-ESTAR ANIMAL — 50
MINIMIZAR O RISCO DE ANESTESIA. — 51

A SELECÇÃO DO GATO SPHYNX — 53

GATO BEBÉ OU ANIMAL ADULTO? — 53

CRIADORES, MULTIPLICADORES E COMERCIANTES	54
BONS E MAUS VENDEDORES	54
NUNCA COMPRE POR PIEDADE.	56

AS COMPRAS PARA O GATO — 56

A CAIXA DE TRANSPORTE	56
TIGELAS E FONTES	58
TABULEIRO DO LIXO DO GATO	59
ESCOLHA A ROUPA DE CAMA.	60
BRINQUEDOS E OUTRAS COISAS PEQUENAS	62

UM SPHYNX MOVE-SE PARA DENTRO. — 67

APANHAR OS ANIMAIS	67
ESTABELECER-SE EM	68

EDUCAÇÃO E FORMAÇÃO — 68

NÃO MISTURAR FORMAÇÃO E EDUCAÇÃO.	68
EDUCAÇÃO CONSISTENTE	69
O ADESTRAMENTO PROPORCIONA VARIEDADE	70
FORMAÇÃO DE CLICKER	71
EVITAR OS ERROS TÍPICOS DOS PAIS.	72

RECONHECER SINAIS DE DOENÇA — 73

A TEMPERATURA CORPORAL EM GATOS NUS	76

AMOSTRAS DE URINA E FEZES	76

APÊNDICE: 77

MUDAR A ALIMENTAÇÃO	77
O PROBLEMA COM O BARF	78
A SENHORA ESTÁ GRÁVIDA	80
ADERIR A DIETAS PARA VÁRIOS ANIMAIS.	81
ENDURECER O DESAGRADÁVEL	81
ACOSTUMAR-SE À TRELA	82
ALGUNS TRUQUES QUE OS GATOS APRENDEM RAPIDAMENTE	84
OS GATOS DEVEM SER AUTORIZADOS A ARRANHAR.	86
NOTAS SOBRE ECTOPARASITAS	87
DICAS PARA REDUZIR O STRESS	87
A PSICOLOGIA DOS GATOS	89

SOBRE A NOSSA SÉRIE: O MEU GATO PELA VIDA 91

Lista de números

Figura 1: Sphynx canadiano 10
Figura 2: Gato de Donskoy 12
Figura 3: Gato de Kohona 14
Figura 4: Dois gatinhos Peterbald 15
Figura 5: Gato Munchkin 16
Figura 6: Gato Levkoy 17
Figura 7: Tesoura de garra, ...26
Figura 8: Gato sphynx a brincar com água 35
Figura 11: Varandas devem ser seguras. 44
Figura 12: Gato sphynx no consultório do veterinário 49
Figura 13: Usar colarinho de funil. 52
Figura 14: A caixa de transporte é importante. 57
Figura 15: Tigela de gato, ...58
Figura 16: Um bebedouro para gatos 59
Figura 17: Caixa de lixo com touca, ...60
Figura 18: Mobiliário caseiro por amantes de gatos, ...63
Figura 19: Exemplo de parede trepador 65
Figura 20: Esboço próprio de possibilidade de escalada de fixação, ...66
Figura 21: Recolha de amostras de urina, ...77
Figura 22: Arnês de gato 83
Figura 23: "Man up" ou "Como é que lá chego?...................................85

Conhecimentos básicos sobre os gatos Sphynx

Os gatos Sphynx não são originários do Egipto, como o nome sugere. Também não existe uma raça de Sphynx, mas sim uma série de raças de gatos sem pêlo chamadas Sphynx. O que estes gatos têm em comum é que são criaturas muito amáveis que se ligam intimamente aos humanos. A falta de pêlo das raças é criticada por muitos activistas do bem-estar animal. Os donos de um gato nu são frequentemente acusados de encorajar a criação sob tortura e são também muitas vezes chamados eles próprios de abusadores de animais. Por esta razão, o livro informa-o em pormenor sobre a origem da raça e também lhe fornece outros argumentos para refutar estes preconceitos. Naturalmente, também aprenderá tudo sobre a manutenção desta raça especial e extraordinária de gatos.

Antes de mais, deve saber que existem diferentes raças de gatos que se chamam gatos Sphynx. Além disso, nem todos os gatos nus são um Sphynx. Estas raças pertencem às raças de gatos sem pêlo:

- Esfinge canadiana
- Don Sphynx
- Gatos de Kohona
- Gatos de Peterbald
- Gatos Bambino de Pernas Curtas
- Levkoy ucraniano de orelhas murchas
- Gato Elf

No passado, houve sempre casos isolados de gatos nus nascidos de gatos domésticos normais. Tem havido relatórios correspondentes desde a antiguidade. Existe uma documentação ilustrada de 1902 sobre um gato nu que vivia no México. Em regra, estes gatos nus não eram mais criados e não eram reconhecidos como raça. Assim, se encontrar um gato nu, este não tem de ser uma raça reconhecida.

Visão geral das raças

Esfinge canadiana

Figura 1: Sphynx canadiano

Em 1966, em Ontário (Canadá), um gato doméstico tinha um gatinho macho sem pêlo numa ninhada de gatinhos de pêlo normal. A Prun macho foi cruzada com a mãe. Esta ninhada produziu gatinhos com e sem cabelo. O proprietário cruzou agora a Prun com as suas filhas e netos sem cabelo. Em 1975, nasceu nos EUA uma gatinha sem pêlo, sem relação com os gatos de Toronto. Foi nomeado Epidermis.

Um ano mais tarde, a mãe da Epidermis deu à luz outra gatinha fêmea sem pêlos. Ambos os gatos sem pêlo foram dados a um criador. A Epidermis tornou-se assim o progenitor de uma nova linha de gatos sem pêlos. No final dos anos 70, os gatinhos sem pêlo voltaram a nascer em Toronto, um macho e duas fêmeas. Não ficou claro se estes estavam relacionados com a Poda. O macho atingiu uma velhice madura de 20 anos. As suas duas irmãs, Pinki e Paloma, foram acasaladas com gatos Devon Rex na Holanda. Estes poucos animais são provavelmente a origem da raça "Sphynx canadiana" com o padrão da raça válido actualmente.

A nudez é devida a uma mutação do gene krt71 (queratina), que numa outra mutação leva a gatos de pêlo curto com pelagem ondulada. Esta raça é conhecida como Devon Rex. Como a herança é recessiva, ambos os pais devem carregar o gene mutante. O acasalamento de dois Sphynx canadianos, resulta sempre em gatinhos nus. Uma cruz com gatos peludos só pode resultar em bebés sem pêlo se o gato com pêlo também transportar o gene. Dois gatos peludos podem também produzir gatos sem pêlo, se ambos forem portadores do gene mutante. Para manter a raça saudável, os gatos peludos como o Devon Rex são frequentemente cruzados.

Os descendentes da Epidermis, agora chamada "Esfinge Canadiana", têm pele fina e uma cabeça curta em forma de cunha com maçãs do rosto pronunciadas. Os olhos são redondos a em forma de limão. Os gatos têm orelhas grandes com pêlo no interior e macias na base exterior. O pescoço musculado e forte é de comprimento médio, seguido por um torso de comprimento médio com um peito em forma de barril e barriga redonda cheia. As patas são mais espessas do que na maioria dos gatos peludos. Parece como se os animais andassem sobre almofadas. O chicote que se assemelha a um chicote desde o corpo até à ponta. Em alguns animais é peludo ou tem uma borla de pêlo, como num leão, na ponta.

Don Sphynx

Figura 2: Gato de Donskoy

A raça é também chamada Don Hairless, Russian Hairless, Don Bald Cat, Donskoy ou Donsky. São descendentes do gato doméstico "Varvara" (também chamado "Varja"), a russa Elena Kavalöwa, de Rostov-on-Don. A história da senhora dos gatos é interessante.

A Sra. Kavalöwa acolheu o jovem gato vadio em 1966, que foi atormentado por crianças porque tinham o cabelo esparso e pareciam estranhos. A mulher russa assumiu que uma doença era responsável pela sempre progressiva queda de cabelo. Um veterinário suspeitou de uma infestação por ácaros e prescreveu medicação apropriada. Apesar do bom tratamento, Varvara perdeu o pêlo, mas era obviamente saudável e animada. O veterinário também não conseguiu encontrar uma causa para a perda de peles.

O macho de um vizinho acasalou com o gato nu e nasceram gatinhos saudáveis. Nasceram com os olhos abertos (ou abriram-nos já após 2 a 3 dias). Normalmente, os olhos não abrem até 7 a 8 dias após o nascimento.

Mais descendentes de Varvara e dos seus filhos nasceram regularmente. Três opções de pilosidade tornaram-se aparentes:

- Alguns gatinhos nasceram nus.
- Outros gatinhos tinham pêlos em várias partes do seu corpo, que foram perdendo gradualmente.
- Alguns dos gatinhos tinham o cabelo normal que não caía.

A razão para esta peculiaridade tem causas genéticas. A ausência de pêlos da raça Don é herdada de forma autossómica dominante. É o chamado modo intermédio de herança, que permite "formas mistas" do traço do casaco. Para a transmissão, um alelo correspondente de um dos pais é suficiente para produzir descendência sem pêlos. Don Sphynx sem cabelo pode, portanto, ser homozigoto ou heterozigoto no que diz respeito à falta de cabelo. Isto significa que mesmo o acasalamento de dois gatos sem pêlo nem sempre resulta em gatinhos sem pêlo. Por outro lado, o cruzamento com gatos sem pêlo pode resultar no nascimento de gatinhos sem pêlo.

Todos os gatos da raça Don Sphynx são de tamanho médio. Têm um corpo longo, uma cauda longa e uma cabeça em forma de cunha. As orelhas grandes e os olhos em forma de amêndoa são impressionantes. A pele está enrugada, mas não deve mostrar uma quantidade extrema de rugas. As rugas graves prejudicam a capacidade dos gatos de se limparem a si próprios e podem levar a uma inflamação crónica dos olhos no rosto. Um Don Sphynx tem bigodes longos que tendem a romper-se.

Os gatos não estão normalmente totalmente nus. Têm uma penugem natural por todo o corpo, que é pouco visível mas claramente palpável.

Gatos de Kohona

Figura 3: Gato de Kohona

A raça felina também chamada Hawaian Hairless difere de outros gatos Sphynx pela ausência de folículos de pêlo. Nos outros gatos sem pêlo, a mutação genética apenas causou uma alteração nos folículos, pelo que um pêlo residual rudimentar está presente nestas raças.

Os gatos Kohona têm uma pele emborrachada da qual não cresce pêlo. Pestanas e pêlos tácteis também estão completamente ausentes. Parece ser uma mutação independente que ocorre em gatos domésticos no Hawaii. Assim, não se trata de um cruzamento de gatos nus de diferentes origens.

Os gatos de Kohona são também uma aberração da natureza. No entanto, esta mutação não parece ser capaz de se manter, pois há poucos descendentes desta raça, enquanto que o Sphynx canadiano e Don Sphynx parecem reproduzir-se bem. Também deve ser mencionado que alguns clubes e especialistas em felinos não classificam Kohona como uma raça, mas apenas como uma mutação que ocorre cerca de quinze em quinze anos.

Gatos de Peterbald

Figura 4: Dois gatinhos Peterbald

Em 1994, um macho Don Sphynx foi acasalado com um Shorthair oriental feminino. Os gatinhos deste acasalamento são os progenitores desta raça, que foi aceite como raça pela Federação Felina Seleccional Russa (SFF) em 1996. Entretanto, a TICA e a WCF também aceitaram a raça. A SFF criou a primeira norma, a TICA seguiu-a em 1997 e a WCF levou o seu tempo até 2003. A raça está a desenvolver-se na direcção do oriental moderno e não é um gato nu clássico. Como os pêlos são deformados, a criação da raça é proibida na Alemanha. Só é permitida a manutenção de animais castrados desta raça.

Gatos Bambino de Pernas Curtas

Figura 5: Gato Munchkin

Esta raça originou-se de um cruzamento entre gatos nus e um gato da raça Munchkin retratada. Pelo menos os gatos anões peludos podem viver como vadios normais, por isso a variante é próxima de uma raça natural. Mas até agora pouco se sabe sobre a saúde dos gatos anões. Isto também se aplica aos gatos Bambino nus.

Levkoy ucraniano de orelhas murchas

Figura 6: Gato Levkoy

A raça teve provavelmente origem no acasalamento do Scottish Fold com os gatos Don Sphynx. As desejáveis orelhas dobradas são devidas a um defeito genético que também causa osteocondrodisplasia (TOC). A doença danifica ossos e cartilagem. Os gatos com orelhas dobradas sofrem geralmente de dores fortes à medida que envelhecem e dificilmente se podem mexer.

Elf cat

Os gatos elfo são também uma criação deliberada para obter gatos com aurículas deformadas. Como a raça é rara e ainda muito jovem, não há conhecimento sobre doenças.

Características comuns da raça

Normalmente, com excepção dos gatos de Kohona, os gatos nus não estão completamente nus. Além disso, todos os gatos Sphynx, independentemente da raça, são extremamente afectuosos.

Toda a nudez não é a mesma.

A maioria dos gatos Sphynx não estão completamente nus, mas têm um corpo muito fino.

Há:
- Gatos sem pêlo ("gatos de borracha") que estão completamente nus.
- Rebanho (cabelo em flocos) com cabelo curto, fino e bastante esparso.
- Veludo com cerca de 1-3 mm de comprimento e pêlos bem ajustados.
- Pincel com cabelo encaracolado ligeiramente mais comprido.

Os gatos de borracha nascem geralmente com os olhos abertos, sem bigodes e sobrancelhas. A pele sente-se macia, quente e pegajosa. Nas outras variedades, o pêlo é pouco visível, mas perceptível.

Nos gatos Sphynx, muitas vezes não se pode atribuir o corpo inteiro a um dos tipos de pêlo. Muitas vezes também têm "escovas" mais longas nas pernas e na cauda. Alguns gatos desta raça, nascidos como Pincel ou Veludo, perdem o pêlo nos primeiros dois anos de vida.

O carácter amoroso

Todos os gatos Sphynx se destacam devido à sua natureza extremamente afectuosa. Em exposições é muitas vezes impossível para os juízes resistir ao favoritismo dos gatos. Uma Sphynx leva quase tudo no seu coração:

pessoas, outros gatos e também cães. Ela é inteligente, muito brincalhona e temperamental.

Terá de passar muito tempo com os gatos, porque quer acarinhar muito, mas também brincadeira e brincadeira.

Preconceitos que não são confirmados.

Dificilmente há uma raça sobre a qual existam mais preconceitos do que sobre os gatos Sphynx. Muitos assumem que estão constantemente a congelar criaturas pobres, mas que são excelentes para os que sofrem de alergias. Também não é verdade.

Doenças hereditárias típicas

Não são conhecidas doenças hereditárias específicas relacionadas com a mutação genética. Mas como em todos os gatos de raça, há um risco de doenças hereditárias, que são sempre perceptíveis num pequeno pool genético. Contudo, muitas doenças podem ser descartadas se o criador mandar testar os pais de forma consistente.

As doenças hereditárias mais comuns em todos os gatos de pedigree são a Cardiomiopatia Hipertrófica (HCM) e a Doença de Rim Policístico (PKD). Infelizmente, o HCM não é detectável por testes genéticos. Também pode saltar uma geração. É claro que os gatos em que a doença é detectada por ultra-sons devem ser excluídos da criação. Infelizmente, isto muitas vezes só pode ser detectado com a idade de 6 a 8 anos. Por conseguinte, para estar do lado seguro, deve mandar examinar o seu gato Sphynx para detectar a doença de 2 em 2 anos. As queixas podem normalmente ser evitadas ou atrasadas pela administração regular de medicamentos.

Com PKD a situação é diferente. Os gatinhos descendentes de 2 animais

PKD-negativos não podem ter a doença. Portanto, pergunte ao criador se ele pode provar que ambos os pais estão livres de PKD.

Torturar a reprodução ou não?

Os amantes de animais perguntam frequentemente se os gatos Sphynx são uma raça de tortura. Podem mesmo ficar longe de manter esta raça. § A Secção 11 b da Lei do Bem-Estar Animal proíbe a reprodução se partes do corpo hereditário ou órgãos necessários para o uso adequado da espécie estiverem em falta, impróprios ou alterados e se, em consequência disso, ocorrer dor, sofrimento ou danos. Isto também se aplica às perturbações do comportamento hereditário.

Certamente ninguém vai negar que gatos ou cães com narizes gravemente encurtados que mal conseguem respirar sofrem. Se a ausência de partes do corpo é uma desvantagem é geralmente decidida pelas autoridades do ponto de vista humano. Como é que os criadores de animais teriam julgado os primeiros macacos nus há mais de 7 milhões de anos, que também perderam a capacidade de andar em quatro patas?

O facto é que os gatos nus não foram criados deliberadamente por humanos, mas resultaram de uma mutação espontânea. Os gatos resultantes sem pêlo foram obviamente criados pelas mães gatas peludas. Os gatos são conhecidos por eliminarem os descendentes não viáveis. Os gatos nus, como mostra a história de Varvara, têm sobrevivido bastante bem como vadios. A mãe original do Don Sphynx viveu como uma vadiagem livre normal. Durante muito tempo, as pessoas só suspeitaram de uma doença de pele porque o gato se comportava como outros gatos domésticos.

Os tribunais ou consultórios veterinários normalmente não consideram a nudez como tortura, mas apenas a ausência de pêlos tácteis (vibrissae). Isto é mais um problema para a selecção reprodutiva do que para os gatos. O lince com vibração pronunciada, pode ter gatinhos que carecem de pêlos. Por outro lado, um gato sem vibradores pode ter gatinhos que os tenham. Além disso, os pêlos quebram-se frequentemente, mas voltam a crescer.

Claramente, nenhum Sphynx sem pêlos tácteis cambaleia sem ajuda através da escuridão. Os companheiros nus sobem, saltam e equilibram-se como qualquer outro gato. Os animais podem orientar-se de forma excelente, porque as vibrações são suficientes. Todos os gatos Sphynx têm estes.

Devido à pele mais espessa e tecido adiposo, os gatos não congelam mais ou menos do que os conspecíficos peludos. O Sphynx de cor clara pode apanhar queimaduras solares como todos os gatos de cor clara. Os animais escuros produzem pigmentos que os protegem do sol. É claro que nenhum animal deve estar ao sol abrasador durante horas imediatamente após o Inverno. Os gatos deitam-se instintivamente à sombra quando a luz do sol se torna demasiado para eles.

Os gatos do Sphynx têm mesmo vantagens sobre os gatos com pêlo. Quase nunca há uma infestação por pulgas ou carraças, porque há falta de esconderijos e a pele é demasiado espessa. Um gato com a pele nua também tolera melhor o tempo húmido e uma forte aguaceira do que um gato com pêlo grosso. Como os gatos podem suar, normalmente não se importam tanto com o calor como com os gatos peludos.

Os exames de ultra-som também não são problemáticos nos gatos Sphynx, porque não têm de suportar uma barba parcial de antemão. A barba é geralmente feita sob anestesia geral porque os gatos são apavorados pelo pânico.

Alguns veterinários relatam problemas de pele que ocorrem em gatos nus. Estes devem-se em grande parte ao excesso de cuidados por parte dos proprietários. Eles banham os gatos com aditivos de banho e põem natas nos animais. Ambos são supérfluos e só devem ser feitos em casos excepcionais, como é o caso de todos os gatos.

Como proprietário de um gato nu, enfrentará sempre a acusação de que a vida é uma tortura para os animais. Contar a história de Varvara, mostrar vídeos dos seus gatos a brincar e a brincar. Isto prova melhor o quão confortáveis são os seus gatos Sphynx.

Um argumento não pode ser refutado. Os gatos da esfinge não sobreviveriam na natureza. Mas nenhum gato doméstico pode, porque foram domesticados há mais de 1.000 anos e os antepassados selvagens, os gatos falc, viveram no Egipto. Os gatos não estão à altura do clima na Europa.

Demasiado sensível para o ar livre

Os gatos Sphynx poderiam ser mantidos como gatos de exterior se não fossem tão confiantes. O perigo com uma saída descontrolada é que os animais se juntem a qualquer estranho. Como os gatos de pedigree são muito caros, é de esperar que sejam roubados.

É claro que não deve, de repente, colocar os seus gatos, que estão constantemente em quartos aquecidos, no frio. Os gatos que são usados para se deslocarem entre a varanda ou recinto no jardim e o apartamento podem desfrutar desta liberdade Verão e Inverno sem protector solar ou casacos.

Alergias contra os gatos

Muitas pessoas pensam que as pessoas que são alérgicas ao pêlo de gato podem obter um gato nu em segurança. Errado! Porque não é o pêlo que desencadeia a alergia, mas sim a saliva do gato. Para ser mais preciso, trata-se de uma proteína chamada Fel d1 a 8. O campo d1 é a substância à qual a maioria das pessoas alérgicas aos gatos reage.

Quase todos os gatos Sphynx produzem o alergénio, e este também é excretado na urina. Portanto, não adianta ter um gato nu porque se é alérgico a gatos. Algumas raças como o Russian Blue, Siamese ou Burmese produzem muito pouco do alergénio. Muitos alérgicos também relatam que são apenas alérgicos a gatos brancos e tabby, mas não a gatos negros.

Dica: Se não tiver a certeza se tem uma alergia aos gatos, permaneça várias vezes durante algumas horas no criador dos animais que deseja comprar. Se não desenvolver quaisquer sintomas, é muito provável que não seja alérgico a estes gatos.

Cuidados e saúde

Com bons cuidados, os gatos Sphynx têm tão poucos problemas de saúde como os outros gatos. Se colocar roupa no seu gato ou tratar a sua pele com produtos de higiene, não deve ficar surpreendido se o animal sofrer.

Prevenir problemas dentários

Os problemas dentários ocorrem em quase todos os gatos, mesmo nos gatos domésticos. São o resultado de uma dieta que não limpa os dentes. Claro que pode habituar-se a que o seu Sphynx limpe os seus dentes com uma escova de dentes especial e pasta de dentes de gato. É certamente melhor dar ao gato carne dura para comer mais vezes e evitar completamente a comida seca.

Os animais ágeis até roem carne dos ossos. Esta é a melhor limpeza dentária que existe.

Na realidade, a maioria dos gatos desenvolve problemas com os seus dentes ou gengivas a partir dos 6 anos de idade. A razão é encontrada na dieta. Na natureza, os gatos não comem hidratos de carbono, que fornecem um terreno ideal para a reprodução de bactérias na boca. Mastigar a presa também limpa os dentes.

Os alimentos molhados suaves não fazem nada para limpar os dentes. Os alimentos secos são erradamente considerados um substituto da escova de dentes. Quase nenhum gato o mastiga, eles apenas o engolem. Mesmo que o esmaguem com os dentes, isto não tem qualquer efeito positivo sobre a higiene oral. Desintegra-se imediatamente e, com a saliva, torna-se uma papa sobre a qual os germes se sentem em casa.
A melhor e mais natural forma de limpar os dentes é o gato mastigar carne dura. Duas a três vezes por semana, tais refeições de carne devem ser suficientes.

A escovação dos dentes só é normalmente tolerada pelos gatos se estes já estiverem habituados a uma escova de dentes como cachorros. Comece com um jogo. É necessária uma escova de dentes com uma cabeça pequena e cerdas macias. Tocar na boca até o gato mastigar no pincel. Agora tente fazer movimentos de escovagem. Se isto funcionar, utilizar pasta de dentes para gatos. Isto sabe a galinha ou outros petiscos. Os produtos para humanos não sabem bem aos gatos e podem até ser prejudiciais. O flúor, por exemplo, é puro veneno para o corpo do gato pequeno.

Cuidados com a pele

Os gatos nus podem suar e também a pele produz sebo regularmente. Como qualquer gato, os gatos Sphynx cuidam da sua pele e pêlo nas suas próprias mãos, ou melhor, na sua língua.

Se a pele estiver visivelmente suja ou se sentir extremamente oleosa, um banho pode ser útil. Acostumar os gatos jovens à banheira. Com o ralo aberto, virar um pouco a água da banheira para cima e deixar os animais brincar com a água corrente. Mais tarde, fechar o ralo de modo a que a banheira comece a encher. A água pode chegar até à barriga. Isto é o suficiente. Passe um pouco de água sobre o corpo do gato com a mão.

Só utilizar um aditivo de banho se for absolutamente necessário. Deve estar livre de perfume e de conservantes. Normalmente é suficiente limpar o gato com um pano de limpeza húmido.

Arranje uma escova macia com cerdas compridas. O seu gato vai gostar de receber regularmente uma massagem. Os gatos do Sphynx dedicam-se ao aliciamento mútuo. Isto é para a coesão do grupo e faz parte do comportamento social. Participa-se nesta socialização escovando os gatos.

Cuidados com as garras

A maioria dos gatos da esfinge nasce com garras de sabre. Assim, há uma tendência para que as garras cresçam na pele. Por conseguinte, é necessário cortar as dicas regularmente. Mas apenas a ponta mais exterior, porque não se deve privar os gatos das suas garras.

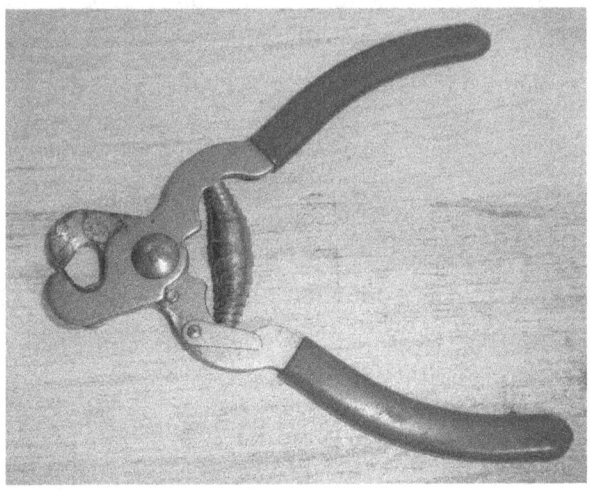

Figura 7: Tesoura de garra, ©

A melhor altura para cuidar das garras é depois de uma visita ao banho. Pressionar cada garra para fora da prega de pele circundante. A sujidade também se acumulou frequentemente aí. Retirar isto e verificar se as garras são demasiado compridas. Não devem crescer para a pele. Recortar cuidadosamente as pontas.

Importante: Iniciar o procedimento com cachorros. Obter um par de tesouras de garras e simular o corte das garras. Colocar a tesoura sem a operar.

Limpeza dos ouvidos

Alguns gatos Sphynx tendem a produzir muita cera dos ouvidos. Para habituar os gatos ao procedimento, cubra um dedo com um pano de celulose e limpe-o através das orelhas do gatinho. Se a cera dos ouvidos tiver acumulado tanta que não se pode removê-la com um pano seco, humedecer o pano com água ou um líquido de limpeza especial ou utilizar almofadas de limpeza dos ouvidos para gatos.

Importante: Limpar de dentro para fora e certificar-se de que nenhum líquido entra na orelha. Não utilizar cotonetes ou lenços de papel enrolados num ponto. Se o seu Sphynx cheirar mal da orelha, um veterinário deve ajudar. Há provavelmente uma infestação de ácaros auriculares.

Limpeza dos olhos

Devido à falta de vibração acima dos olhos e porque normalmente não há cílios, a sujidade pode facilmente entrar no olho. Se as secreções se acumularem nos cantos do olho, pode facilmente removê-las com uma almofada de algodão e gotas para os olhos contendo Bepanthen. Não utilizar toalhetes de lã de algodão ou de esgrima.

Em regra, os gatos nus também limpam os próprios olhos e a intervenção humana não é necessária.

Preste atenção às necessidades

Um sphynx precisa de companhia e de muita actividade. Os animais ágeis recebem as ideias mais estranhas quando estão aborrecidos.

Além disso, não se deve manter um gato Sphynx como um único animal. Os grupos de três gatos da raça são ideais. O melhor é comprar os recém-nascidos ou três gatinhos de aproximadamente a mesma idade a um criador.

Juntar Gatos Estranhos

É claro que pode ser necessário socializar um Sphynx com outros gatos. Até o gato mais simpático defenderá o seu território. Eles têm de esperar isto. No entanto, não se trata necessariamente de uma luta.

Um pouco problemático é que os gatos Sphynx gostam de correr imediatamente para outros gatos, enquanto que os gatos normalmente se aproximam de forma bastante cautelosa. Um gato que se distancia pode até sentir-se muito assediado. O melhor parceiro para um Sphynx é outro gato nu, mas um gato com pêlo também é adequado, desde que seja um animal sociável.

Em geral, as lutas entre gatos nus e conspecíficos peludos são problemáticas, porque o Sphynx não tem pêlo para o proteger das garras. Poderá querer aparar as garras de todos os animais antes do primeiro encontro.

Deixar o recém-chegado na caixa para que os animais se possam habituar ao novo cheiro. Isto mostra frequentemente que todos os gatos da casa são curiosos mas não agressivos.

Socializar com outros animais

Os gatos da esfinge também têm um instinto de caça. Eles perseguirão pequenos animais que correm livremente no apartamento. É possível habituá-los a hamsters e co. numa gaiola. No entanto, deve continuar a ter cuidado. Os gatos espertos podem abrir muitas portas de gaiola. Por isso, prendam-nos sem cadeados.

Os gatos Sphynx fazem amigos rapidamente com animais maiores, desde que não se apressem imediatamente em direcção ao gato. Abster-se de socializar cães agressivos que perseguem gatos com um gato nu.

Dica: O primeiro encontro é muitas vezes decisivo. Portanto, impedir que o cão ladre e corra em direcção ao gato. Manter um cão com trela curta no início para que não se apresse em direcção ao gato. O gato deve aproximar-se do cão.

Habituar o Sphynx aos cães

Os gatos são pequenos predadores, mas estão no menu de alguns grandes predadores. Portanto, desconfiam de todas as criaturas que são demasiado grandes como presas de caça. A maioria dos cães parecem grandes e perigosos para um gato. Especialmente quando ladram e lhes cobram.

Há também a diferença na linguagem corporal. Os cães abanam as suas caudas quando estão felizes e de bom humor. Os gatos fazem movimentos semelhantes quando se está zangado e muito tenso. Até mostram agressão ao levantarem a cauda. Em suma, o seu gato assume que o cão que abana a cauda está a atacar e o cão entende a postura defensiva do gato como um convite para brincar. Se o gato foge, Bello vê isto como o início de um jogo de perseguição. O gato, no entanto, corre pela sua vida. O facto é que a socialização pode falhar. Não há quase nenhuma hipótese com um cão que tenha um instinto de caça extremamente forte ou com um gato que tenha tido más experiências com cães.

Em geral, aplica-se o seguinte:
- ✓ Um gato jovem normalmente dá-se bem com um cão que vive consigo. A aclimatação é relativamente fácil. Um gato velho raramente tolera uma nova adição.
- ✓ Cães calmos com um instinto de caça menos pronunciado, tais como cães de pastoreio, são mais adequados para socializar com gatos do que cães de caça.
- ✓ O cão deve ser bem disciplinado e não ladrar quando vê um gato.
- ✓ Assegurar um primeiro encontro seguro. Idealmente, o gato está no

portador e o cão com coleira senta-se a cerca de dois metros de distância. Ambos os animais ficam a conhecer o cheiro um do outro.
- ✓ Não abrir a caixa até que ambos os animais se tenham acalmado. Manter o cão com trela curta. Deixem-no sentar-se ou deitar-se. O gato deve ir em direcção ao cão, nunca o cão em direcção ao gato. O instinto leva os gatos a fugir dos cães e os cães a perseguir o animal que foge. Os gatos, por outro lado, não têm instinto para correr atrás de um cão e os cães não fogem instintivamente dos gatos. Por conseguinte, nenhum reflexo inato é desencadeado quando um gato se aproxima de um cão.
- ✓ Certifique-se de que existem locais onde o gato pode recuar. Um cesto em cima de uma prateleira é um local seguro para o gato. Impedir que o gato se deite no cesto do cão.
- ✓ Alimentar os animais em locais separados. A inveja alimentar causa stress. Uma boa solução é colocar a tigela de comida do gato num local elevado e alimentar o cão numa sala lateral que o gato não possa alcançar.

Nas primeiras semanas, é extremamente importante que os animais não tenham más experiências uns com os outros. Isto não tem de ser uma luta. Um gato que não consegue sair da caixa da ninhada porque o cão está à sua frente, verá isto como muito negativo. Não deixar os animais sozinhos durante o período de colonização e intervir se o stress estiver a fermentar. Não repreender nem tomar partido. É suficiente separar os dois.

Após cerca de 14 dias a três semanas, uma amizade ou pelo menos respeito mútuo deve começar a desenvolver-se.

Interacções com o povo

Tornar-se-á uma figura de apego importante para os seus gatos num piscar de olhos. Seguir-te-ão para onde quer que vás. Também pode ter a certeza de que os gatos escorregarão consigo por baixo das cobertas. Se não gostar de um contacto tão estreito, por favor, abstenha-se de adquirir um gato Sphynx.

Planear também 2 a 3 horas diárias para uma brincadeira extensiva com os gatos. São muito ágeis e precisam de variedade. No capítulo sobre adestramento e treino de clicker encontrará muitas sugestões sobre como manter o Sphynx ocupado.

Esteja preparado para que os gatos Sphynx considerem quase todas as suas actividades como brincadeiras e participem entusiasticamente. Quer esteja a aspirar, a fazer as camas ou a arrumar a roupa. Os seus gatos estão lá para ajudar à sua própria maneira.

Dieta dos gatos Sphynx

Duas razões fazem com que os gatos nus precisem de significativamente mais comida do que os gatos peludos. Precisam de alguma energia para manter a temperatura do seu corpo. Ao mesmo tempo, são muito ágeis, o que aumenta ainda mais as necessidades energéticas. Portanto, é evidente que um gato nu precisa de mais comida do que gatos peludos. Contudo, a informação de que os animais precisam de cerca de uma vez e meia a duas vezes a quantidade de alimentos deve ser tomada com um grão de sal.

Um gato doméstico normal com 4 kg precisa de 200 a 330 gramas de comida húmida ou 62 a 87 gramas de comida seca por dia. Não concluir que um gato Sphynx com este peso necessita de 300 a 660 gramas de comida húmida. 330 gramas é a quantidade necessária por um gato muito ágil com pêlo. Duplicar esta quantia é uma coisa boa demais.

Em geral, a qualidade dos alimentos é crucial. 400 gramas de alimentos húmidos de baixa qualidade contendo enchimentos ou proteínas vegetais serão muito poucos para um Sphynx. Com alimentos de alta qualidade, 350 gramas é normalmente suficiente. Discutir a quantidade de comida com o criador ou com um veterinário. Além disso, verificar regularmente o peso do gato.

Comida húmida ou seca?

A alimentação seca é particularmente problemática para os gatos Sphynx. Normalmente contém demasiado amido. Os animais engordam, mas não desenvolvem os músculos.

Além disso, as pessoas tendem sempre a deixar uma porção de comida seca na tigela do gato. Uma vez que os pequenos nus são muito gananciosos, devoram facilmente duas a três vezes a quantidade que seria apropriada.

O fabricante de um alimento seco para gatos Sphynx recomenda dar um gato nu de 3 kg entre 56 e 75 g (para um gato com peso inferior ao normal) de alimento seco. O seu Sphynx conseguirá devorar esta quantidade numa só refeição e exigirá altos segundos.

A tabela compara alimentos secos e húmidos de alta qualidade. 100 gramas de alimentos contêm:

Conteúdo	Seco	Molhado
Proteína bruta	33 g	16 g
Gordura bruta	23 g	6 g
Cinzas brutas	7 g	1 g
Fibra bruta	5 g	1 g
Humidade	32 g	76 g

A proporção de ingredientes para 100 g de água é interessante.

Conteúdo	Seco	Molhado
Proteína bruta	103g	21 g
Gordura bruta	71 g	8 g
Cinzas brutas	22 g	1,5 g
Fibra bruta	16 g	1,5 g
Humidade	100 g	100 g

Pode ver nesta lista que não adianta mergulhar comida seca em água. A proporção de proteínas e gordura é completamente diferente. Os

alimentos secos contêm demasiada cinza bruta e fibra bruta.
O seu gato não pode beber o suficiente para absorver humidade suficiente.
Há um risco de danos renais.

Características de uma boa alimentação para gatos

Na natureza, os gatos só comem ratos e outros pequenos animais. A composição dos alimentos deve ser baseada nestes. Um rato, por exemplo, consiste em 15 % de proteínas e 10 % de gordura. Cerca de 1 - 2 % dos roedores são hidratos de carbono, vitaminas, oligoelementos e fibras. Os animais consistem em mais de 70% de água.

Isto só por si diz-lhe que a comida seca não pode ser um bom alimento para gatos. Idealmente, os alimentos para gatos deveriam conter 80% de carne muscular. Deve conter uma pequena quantidade de matéria vegetal, mas não mais do que cerca de 5%. Isto simula o conteúdo estomacal e intestinal da presa, bem como o pêlo e as penas.

A proporção de cálcio para fosfato deve ser de cerca de 1,15:1. Sem fosfato, o cálcio é inútil para o gato. Se a proporção não for correcta, existe o risco de formação de pedras de estruvite ou oxalato de cálcio. Estes são muito perigosos nos gatos machos porque podem bloquear a uretra estreita. Nos gatos, os cristais mais pequenos desaparecem normalmente sem qualquer desconforto. Como regra, o açúcar, corantes e conservantes não têm lugar nos alimentos para gatos. Tais aditivos são um critério absoluto para a exclusão.

Por favor, note as informações sobre a mudança de alimentos e BARFING no apêndice. Mesmo a melhor dieta conduzirá a problemas se mudar de repente os alimentos.

Encorajar os gatos a beber

Infelizmente, os gatos bebem muitas vezes muito pouco. Isto é particularmente problemático para os gatos nus, que podem suar. Portanto, encoraje o seu gato a beber. A tigela de água nunca deve estar ao lado da tigela de comida, porque a maioria dos gatos não come perto da água. Portanto, olhe com cepticismo para uma tigela de água perto do local de alimentação. É melhor colocar duas a três taças em lugares diferentes em casa.

Os gatos Sphynx brincalhões não resistem naturalmente à água corrente. Beberão de fontes ornamentais e aquários. A primeira pode ser problemática porque muitas vezes há pouca água nas fontes. Desgasta-se rapidamente e a bomba pode partir-se se o nível da água baixar. Os aquários podem ser perigosos para os gatos jovens se eles escorregarem para dentro. Um Sphynx adulto pode libertar-se a si próprio. Provocará uma inundação média e alguns peixes também cairão do aquário. No entanto, os aquários são bastante adequados como fonte de água. Deixe o seu Sphynx brincar regularmente com a água. Uma corrente fina da torneira na banheira ou no lavatório também encoraja a bebida.

Figura 8: Gato sphynx a brincar com água

Leite e petiscos

Nenhum gato adulto pode tolerar leite de vaca, independentemente de ser um gato de pedigree ou um gato doméstico normal. Os gatos reagem ao açúcar do leite (lactose) com diarreia. O leite como bebida é mais uma questão de hábito. Os gatos adultos que só receberam leite materno e água como bebida quando eram gatinhos, não tocarão no leite. A partir disto pode concluir que os gatos não consideram geralmente o leite como uma iguaria. Portanto, pode passar sem leite de gato em segurança.

Vejam-se os ingredientes do substituto do leite. Típica é uma composição de leite e subprodutos de leite, subprodutos vegetais e vários tipos de açúcar. Alguns fabricantes fornecem regularmente bebidas misturadas com leite ou fazem o leite de gato a partir de soja, amêndoas, etc.. Nenhum gato precisa de tais produtos. São mesmo prejudiciais para a saúde.
O leite de gato sem açúcar à base de leite inteiro ou leite de vaca sem lactose para humanos pode ser dado sem preocupações se achar que o seu Sphynx deve beber leite.

Os aperitivos para gatos são o equivalente a doces para humanos. Tais produtos são supostamente saborosos. Mas não são saudáveis. Por conseguinte, os aperitivos para gatos só devem ser dados em pequenas quantidades.

Não se esqueça de seguir as recomendações de dosagem, uma vez que muitas das guloseimas contêm fígado ou peixe. Existe um risco de sobredosagem de vitaminas lipossolúveis.

O que deve saber sobre o fornecimento de vitaminas.

As vitaminas e a taurina são vitais. Todos os proprietários de gatos sabem disso. Os fabricantes de alimentos para gatos sabem muito bem que a maioria dos compradores presta atenção ao conteúdo em vitaminas e taurinas. Portanto, junte muitos deles à comida. Mesmo os piores alimentos fornecerão ao seu gato Sphynx vitaminas suficientes, porque são obtidas sinteticamente e baratas.

É portanto absurdo dar suplementos vitamínicos aos animais sem um diagnóstico veterinário de carência vitamínica. Uma deficiência ocorre no máximo em casos de subnutrição extrema ou se o animal tiver uma doença.

A maioria dos alimentos prontos a usar contém vitaminas e taurina suficientes. Também não há perigo de sobredosagem se não se alimentar o fígado ou o salmão ou os aperitivos correspondentes em quantidades excessivas. Só dar suplementos vitamínicos se só der BARF. Por favor, ver o capítulo sobre alimentação de carne crua no apêndice.

As vitaminas hidrossolúveis B1 (tiamina), B2 (riboflavina), B3 (niacina), B5 (ácido pantoténico), B6 (piridoxina), B7 (biotina), ácido fólico, B12 (cobalamina) e C (ácido ascórbico) não sobrecarregam o organismo. No entanto, não faz sentido tomá-los em grandes quantidades. Isto é especialmente verdade para a vitamina C, que os gatos produzem no corpo.

Os seres humanos formam a vitamina A lipossolúvel (retinol) a partir do caroteno. O organismo do gato não pode fazer isto. As cenouras devem portanto ser consideradas apenas como uma fibra dietética. A necessidade diária de um gato adulto de vitamina A é de 60 UI por quilograma de peso corporal. Isto é normalmente doseado correctamente em comida pronta. Ter cuidado com os aperitivos que contenham fígado. Existe o perigo de uma sobredosagem. Isto leva à ossificação da coluna cervical, espessamento da pele, fígado gorduroso e comprometimento dos rins. Os cachorros de gato são propensos a malformações do esqueleto.

A vitamina D (calciferol), que também é lipossolúvel, é importante para o metabolismo do cálcio e assegura ossos fortes. A necessidade diária é de 4 IU por quilograma de peso corporal. Uma overdose leva à calcificação dos órgãos. Também aqui se deve ter o cuidado de não alimentar com fígado e petiscos com fígado em quantidades demasiado grandes.

A vitamina E (tocoferol) também é lipossolúvel. E importante para o sistema imunitário. Os gatos precisam de cerca de 1 mg por quilograma de peso corporal. Uma overdose é apenas um problema em gatinhos. Está contida em óleos vegetais, tais como óleo de açafroa.

Agora sobre taurina: Um gato precisa de cerca de 50 mg por kg de peso corporal. Pode ocorrer um subabastecimento com alimentação pura de carne crua. Nos alimentos prontos, está normalmente presente em quantidades mais do que suficientes. Uma vez que a taurina é solúvel em água, não há perigo de envenenamento.

A criação de gatos Sphynx

Como já foi mencionado, os gatos Sphynx são bastante adequados como gatos de exterior, mas a liberdade é extremamente perigosa para eles.

Para além da situação de vida específica, as suas ideias e expectativas de criação de gatos desempenham um papel nesta decisão. Com um gato de exterior, nunca se sabe onde ficará e o que irá comer. Isto diz respeito tanto aos venenos como aos alimentos para gatos. Alguns gatos que andam à solta pela vizinhança e o dono pergunta-se porque é que o gato está a engordar cada vez mais, embora quase não coma nada na sua casa.

Os caçadores livres são ameaçados por carros, apanhadores de gatos e caçadores. Na maioria dos estados federais, os caçadores são autorizados a abater gatos que se encontram a mais de 200 metros de distância de casas habitadas.

O acesso à sua própria casa também pode ser problemático. As portas do gato que só se abrem quando o seu gato se aproxima delas são ideais. Um chip implantado debaixo da pele e a electrónica na porta tornam isto possível. Uma porta de gato sem segurança deixará entrar qualquer animal até ao tamanho de um gato. Uma tigela de comida cheia atrai até raposas e guaxinins.

Em apartamentos alugados, a instalação de uma porta para gatos não é normalmente permitida. O seu gato pode tornar-se um verdadeiro desafio se estiver constantemente a incomodá-lo porque quer entrar e sair. Ela só fica satisfeita quando a janela ou a porta da varanda permanece permanentemente aberta. No entanto, esta solução dificilmente lhe servirá no Inverno, durante a sua ausência ou à noite.
Com algumas excepções, deve acolher dois ou mais gatos, porque os animais precisam de contacto com a sua própria espécie. Naturalmente, isto também significa que os gatos precisam de espaço para brincar e

passear. Pelo menos um lugar numa janela segura deve estar disponível. Melhor é o acesso a uma varanda. O seu gato adora sentar-se ao ar livre ao sol.

Os gatos que vivem exclusivamente dentro de casa precisam de um humano para cuidar deles. Planear tempos de jogo regulares.

Claro, o seu gato precisa de pelo menos um tabuleiro de ninhada que limpe regularmente. Uma vez que a maioria dos gatos faz o pequeno e o grande negócio em locais diferentes, dois sanitários são melhores. Como regra geral, deve haver mais um tabuleiro para a ninhada do que gatos em casa.

Importante: Nem todos os gatos se contentam em não ter acesso ao exterior. Os gatos de raça (como o Sphynx) que nunca viveram fora normalmente aceitam ser mantidos apenas dentro de casa. Os gatinhos nascidos na natureza, por outro lado, quase nunca se habituam a ela.

O acesso livre descontrolado não é possível.

Todos os gatos nus se destacam devido à sua natureza amigável. Eles acarinham-se com pessoas e animais, mesmo que não os conheçam. Ao mesmo tempo, muitos Sphynx parecem pensar que todos os humanos que amam também são amigáveis para eles. Um cão que não gosta de gatos pode mordê-los. As pessoas reagem frequentemente negativamente aos animais que não têm pêlo fofo. Podem torturá-lo ou matá-lo.

O preço elevado de um gato Sphynx acarreta outro risco. Os gatos da raça são comercializados por montantes entre 1.000 e 1.500 euros. Mesmo que uma venda sem papéis traga menos, vale a pena roubar um gato assim.

Dicas para mobilar a área exterior

O seu Sphynx, como todos os gatos, deve ser capaz de decidir por si próprio quando vai lá fora. Uma varanda segura ou um recinto vedado ao ar livre é o ideal.

Lembre-se de que o recinto exterior deve ser fechado à chave e à prova de arrombamento. Um recinto que não se pode ver corre o risco de os ladrões o manipularem. Tenha o hábito de verificar todas as manhãs que tudo está apertado.

Idealmente, os seus gatos podem ir e vir como quiserem através de uma porta electrónica para gatos. Isto também o alivia da tarefa irritante de ser o abridor de portas. Pode ter a certeza de que o seu Sphynx vai querer entrar na casa assim que fechar a porta. Por outro lado, ela quer sair assim que a porta estiver fechada.

Certifique-se de que há muitos lugares para se deitar, alguns dos quais devem estar à sombra. A protecção contra a chuva também é útil, já que a maioria dos gatos Sphynx gosta de passar algum tempo ao ar livre em todas as condições meteorológicas.

Desenho de um apartamento amigo do gato

O seu Sphynx não precisa de uma cama de gato, porque estará confortável no seu sofá e na sua cama. Antes de mais, deve estar disposto a partilhar a sua casa com os gatos. Os animais têm uma vontade pronunciada de se moverem. Por conseguinte, precisam de espaço para passear.

Não restringir os gatos, mas disponibilizar-lhes todo o apartamento, se possível com uma varanda. Os vasos delicados, uma mesa que se desmorona quando o Sphynx corre para ele, não pertencem a um lar onde estes gatos devem viver felizes. As mesas de vidro têm frequentemente um tampo que pode ser facilmente deslocado. Isto pode terminar tragicamente para a mesa e para o gato.

O seu gato precisa de esconderijos. As caixas numa prateleira são ideais, porque os seus gatos Sphynx adoram olhar para o mundo a partir de cima.

Os gatos têm geralmente pouco interesse num pequeno posto de arranhar. Por outro lado, apreciam as oportunidades de subir ou saltar. Não tem de ser uma árvore de gato do chão ao tecto. Paredes trepantes, armários convertidos e móveis semelhantes para gatos são muito populares. Deixe a sua imaginação correr à solta. Construir construções a partir de caixas robustas de madeira que se fazem com madeira real ou tábuas multiplex.

Em parte disfarçam o seu mobiliário de gato feito por eles próprios com cordas de sisal e tecidos robustos. Os gatos adoram escavar as suas garras em diferentes materiais.

Higiene e criação de gatos

Uma vez que o seu Sphynx não tem acesso livre descontrolado, não há grande perigo de ela trazer germes para a casa. É você que sai de casa todos os dias e traz doenças infecciosas para dentro de casa. O seu gato pode apanhar clamídia, herpes, gripe, corona e rinovírus. As vacinações nem sempre protegem. Um gato que tenha sido vacinado contra constipações de gato ficará, no máximo, ligeiramente doente com calicivírus. No entanto, não está protegido contra outras constipações.

Tenha em mente que pode infectar os seus gatos e portanto lavar as mãos antes de acariciar os pequenos queridos para os cumprimentar. Lembre-se também de segurar um lenço à frente da cara quando tossir e espirrar. Os lenços usados também devem ser eliminados de imediato para que os gatos não possam brincar com eles.

Fornecimento em férias

Uma vez que os gatos Sphynx não gostam de estar sozinhos e fazer amizade rapidamente com as pessoas, a melhor solução é colocá-los com amigos ou fazer com que as pessoas fiquem consigo durante as férias.
Pode levar os gatos consigo nas férias se estiverem habituados a uma trela e não houver necessidade de uma viagem demasiado cansativa.
O seu descanso torna-se tortura para os gatos quando um humano só vem duas ou três vezes por dia para dar comida e tomar conta da caixa de areia e da água.

Criar um ambiente seguro

A casa deve não só satisfazer as necessidades dos gatos Sphynx, mas também ser segura. Portanto, faça uma verificação de segurança antes de os gatos se mudarem para a sua casa.

Segurança para varandas e janelas

No piso térreo, tenho a certeza de que a maioria dos proprietários de gatos se lembram que as janelas e varandas devem ser seguras, porque o Sphynx poderia explorar as redondezas ou ser roubado. Mas também é necessário assegurar todas as aberturas em pisos superiores. Os seus gatos serão normalmente capazes de se equilibrar num corrimão com segurança de sonho, mas quando brincam ou brincam, uma queda pode acontecer em qualquer altura. Para janelas, os ecrãs voadores são uma boa opção que são cobertos com uma rede especial que os gatos não conseguem penetrar.

Figura 9: Varandas devem ser seguras.

Também tem a opção de instalar redes ou grelhas que são adequadas para uma varanda. Uma vez que os gatos sobem sobre estas redes, é necessário ancorar as redes e grelhas de forma estável. Pense na borda superior. Um Sphynx sobe facilmente alturas de mais de dois metros. Assim, as redes devem ou fechar-se firmemente a um tecto no topo ou ser conduzidas para dentro. Muitas vezes é necessária uma cobertura completa com grelhas ou redes.

Perigos mortais de janelas basculantes

Uma e outra vez, os gatos têm acidentes nas janelas em posição inclinada. Os gatos do Sphynx são curiosos. Eles investigarão a lacuna. Se conseguir espremer a cabeça, o corpo também caberá através da fenda. Infelizmente, eles deslizarão para baixo onde a abertura se estreita. Ficam presas e esmagam os seus órgãos internos. Normalmente, nenhum veterinário pode ajudar quando isto acontece.

Attention Poison

Mas é claro que não tem nenhum veneno em casa, provavelmente pensa. Mas tem muitas substâncias que são mortíferas para os gatos. Alguns são mesmo de livre acesso no apartamento.

Muitas frutas e legumes são muito perigosos para os gatos. Abacate, fruta de caroço, uvas, cebolas, alho-porro e alho são em parte altamente tóxicos. Os gatos provavelmente não tocarão nestes alimentos. No entanto, cacau, chocolate, carne de porco, fígado e atum também podem ser letais. Estes são alimentos que um sphynx irá comer imediatamente se os encontrar.

Um prato com doces ou uma mesa que não é limpo após uma refeição é, portanto, um grande perigo para os gatos.

Plantas de casa, terra de vaso nas panelas e água nos pires são também perigosas. Descobre se as tuas plantas são venenosas para os gatos. Cobrir a terra com tapetes ou grelhas de coco, regar apenas pelo topo e colocar as panelas em cachepots em vez de em pires.

Isso deixa produtos de limpeza e recipientes de fertilizantes vegetais. Muitos gatos gostam de lamber plásticos, incluindo as garrafas em que se armazenam estes produtos químicos. Em concentrações elevadas, mesmo um produto de limpeza biológico é tóxico e, infelizmente, alguns dos conteúdos quase sempre se colam ao exterior das garrafas. Colocar tudo num armário que possa ser fechado à chave. Se não houver fechaduras, encaixe fechaduras à prova de crianças, porque os seus gatos Sphynx aprenderão rapidamente a ultrapassar os fechos de mola ou magnéticos.

Pense tridimensionalmente

Pode pensar que está na prática porque a sua casa tem sido à prova de crianças há muito tempo. Mas os seus filhos ou netos não sobem ao armário. Não adianta pôr algo em cima para o manter seguro. Os seus gatos Sphynx chegarão a qualquer coisa que não esteja num armário fechado.

Considere o que pode acontecer se um dos gatos atirar um vaso de uma prateleira. Lembre-se que os cabos de televisores, rádios e computadores são excelentes para a escalada. Na maioria das vezes, o equipamento cai antes de o gato chegar ao topo. Com todas as consequências negativas para o inventário e o gato. Fixar tudo com segurança em mesas ou prateleiras.

Perigos especiais para os gatinhos

Os gatos bebés são particularmente curiosos e inexperientes. Investigam tudo em casa e entram em máquinas de lavar roupa, máquinas de lavar louça e também sanitas. Antes de ligar os aparelhos, verificar se há um gato no interior.

Fixar a tampa da sanita para que os mais pequenos não a possam levantar. A maioria das casas de banho são armadilhas mortais porque os pequenos gatos escorregam pelo cano abaixo e não se podem libertar. Alguns livros sobre a tampa ou um cadeado de segurança para crianças irão evitar tais acidentes.

Visitas sanitárias e veterinárias

Mesmo os gatos Sphynx saudáveis precisam de ver o veterinário, porque os exames preventivos e as vacinações são inevitáveis.

Seguro de saúde para animais

Muitas companhias de seguros oferecem seguros de saúde para animais. Estes normalmente nunca cobrem todos os custos veterinários. Exames preventivos, cirurgia dentária, esterilização e vacinação raramente são incluídos nas tarifas.

As tarifas mais favoráveis cobrem os custos de cirurgia ou cura após um acidente. A relação preço-desempenho é muito boa, porque os prémios são baixos e os custos veterinários muito elevados podem ser incorridos após um acidente.

Uma maior protecção é oferecida por tarifas que cobrem todas as operações que se tornam necessárias devido a uma doença. No entanto, são também significativamente mais caros.

Vacinar com compreensão

Até há alguns anos atrás, era comum ter vacinações actualizadas anualmente. Hoje em dia, as pessoas estão mais cépticas quanto à vacinação devido à possibilidade de desenvolver um sarcoma através da punção. Por esta razão, nunca deve vacinar o seu sphynx no pescoço ou entre as omoplatas. Um sarcoma permanece aí sem ser detectado durante muito tempo e pode afundar-se. É difícil de remover. As vacinas na perna ou na cauda são preferíveis porque um sarcoma em desenvolvimento pode ser facilmente removido. Mesmo que seja demasiado grande, o animal pode ser salvo por amputação.

O quadro mostra as recomendações de vacinação do Instituto de Virologia da Universidade de Medicina Veterinária de Viena (a partir de Novembro de 1997). Na última coluna podem-se ver as recomendações que são comuns hoje em dia:

Infecção	Imunização de base	Vacinações de acompanhamento	de hoje Recomendações
Panleucopenia* (epidemia de felinos)	9 semanas 12 semanas	possivelmente novamente às 16 semanas anual	Primeira vacinação 12. semana com 16 semanas com 1 ano

Frio de gato***	9 semanas 12 semanas	cada 6-12 meses	Primeira vacinação 12. semana com 16 semanas com 1 ano De 3 em 3 anos
Leucose****	9 semanas 12 semanas	anual	Primeira vacinação 12. semana com 16 semanas com 1 ano
Raiva****	9 semanas 12 semanas	anual	Primeira vacinação 12. semana com 16 semanas com 1 ano
FIP	16 semanas 19 semanas	anual	Apenas útil após um teste FIP negativo O efeito da vacinação é controverso

* Os gatos mais velhos raramente contraem doenças epidémicas de felinos.

* A vacinação contra a gripe do gato não pode prevenir a doença com certeza.

***A repetição da vacinação contra a leucose é aconselhável para gatos de exterior e gatos que tenham contacto com estes gatos.

**** A vacinação contra a raiva só faz sentido para os gatos que saem de casa em regiões onde a raiva ocorre. A Alemanha é considerada livre de raiva. No entanto, a vacinação é obrigatória para viagens ao estrangeiro, espectáculos de gatos e alojamento em canis de embarque.

Porque é que a lasca é importante .

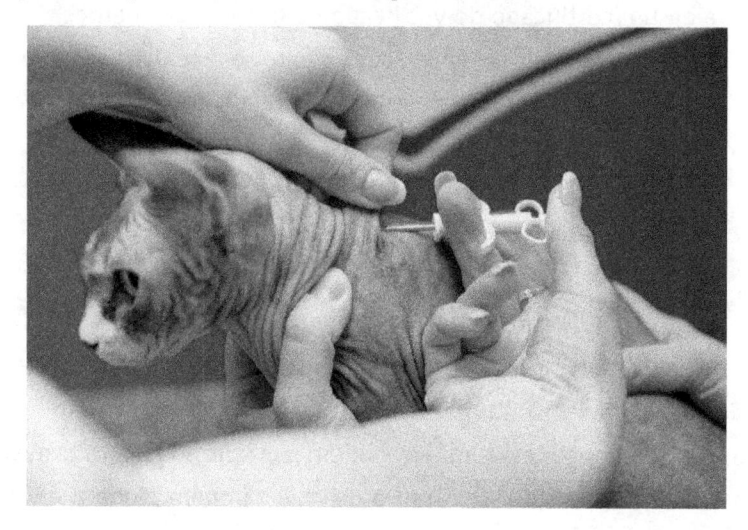

Figura 10: Gato sphynx no consultório do veterinário

O chip é uma espécie de bilhete de identidade para o seu gato e, ao mesmo tempo, uma chave. Pode usar o chip para provar que é o legítimo proprietário do animal. Após um roubo ou se o gato tiver perdido o seu caminho, esta prova é muitas vezes necessária.

Além disso, o chip torna possível regular o acesso ao recinto exterior ou às tigelas de comida. As portas electrónicas do gato só deixam passar os gatos que têm um chip com um número específico implantado. As tigelas de alimentação com controlo de chips também libertam a tigela apenas para certos animais. Desta forma, é possível evitar que os gatos roubem a comida uns dos outros.

Independentemente de querer manter o gato dentro de casa ou se o acesso ao exterior está planeado, tenha o animal microchipado o mais cedo possível. Isto oferece as seguintes vantagens:

- ✓ Pode provar que o gato lhe pertence. Um gato pode sempre perder-se misteriosamente e aparecer com outra família. Pode

provar que é o proprietário do animal através do número do chip e de um certificado de vacinação ou outros documentos.
- ✓ O chip torna mais fácil encontrar o gato se este tiver desaparecido. Veterinários e abrigos de animais, por exemplo, reconhecem do chip que não se trata de um gato abandonado.
- ✓ O chip é adequado para abrir portas de gatos ou tigelas de comida para impedir o acesso a outros animais.

O microchip cumpre assim várias funções. Antes de mais, serve para identificar o animal e atribuí-lo a um cartão de vacinação. Em caso de dúvida, o chip e os papéis também podem ser utilizados para provar que o gato é sua propriedade. O número do chip também ajuda a encontrar gatos perdidos, porque os veterinários normalmente verificam se um gato que lhes é apresentado pela primeira vez tem um chip. Organizações como a Tasso certificam-se de que você, como proprietário, é informado quando um animal com o número do chip correspondente é encontrado.

A castração é o bem-estar animal

Infelizmente, muitas pessoas ainda estão convencidas de que um gato ou gato gato sofre de esterilização. O oposto é o caso. O impulso sexual não está permanentemente presente em gatos e gatos machos, mas é controlado por hormonas. Nos gatos, começa várias vezes por ano. Nos gatos machos, normalmente começa assim que cheira uma gata fêmea que está em cio (pronta para acasalar).

Quando o impulso de reprodução se instala, torna-se dramático para os animais. Querem apenas providenciar a descendência. Se não realizar o seu desejo, eles sofrerão extremamente durante cerca de 14 dias. Nos gatos, isto é frequentemente seguido imediatamente pelo próximo cio, desde que não fiquem grávidas. O stress permanente coloca uma tensão sobre o organismo.

Os gatos machos e fêmeas dificilmente comem durante a época de acasalamento. Em vez disso, a agressão aumenta. Os gatos tentam fugir de casa para encontrar um gato macho. Alguns até se tornam mordedores. Os gatos machos estão numa disposição de luta e prontos para lutar contra os gatos no cio.

Se não quiser criar, mande esterilizar os animais. Qualquer outra coisa é tortura. Muitos criadores só vendem animais castrados ou requerem castração antes de a maturidade sexual se instalar. Os gatos da esfinge atingem a maturidade sexual bastante cedo, aos 6 a 7 meses.

Minimizar o risco de anestesia .

Como em qualquer operação, há um risco de anestesia durante a castração. Contudo, uma vez que se trata de um procedimento planeado que só é realizado quando o animal está saudável, existe apenas um pequeno risco.

Falar extensivamente com o veterinário sobre a anestesia. Perguntar sobre o tipo de anestesia planeada e se monitoriza a respiração (frequência respiratória e saturação de oxigénio), sistema cardiovascular (frequência cardíaca, frequência de pulso, pressão arterial), temperatura e reflexos. A anestesia por inalação pode ser doseada com maior precisão e, portanto, comporta menos riscos do que a anestesia por injecção.

Durante a consulta, o veterinário dar-lhe-á também conselhos sobre o que deve ter em atenção antes e depois da operação. Normalmente aplica-se o seguinte:

- A alimentação é interrompida 12 horas e a rega 2 horas antes da

operação.
- O veterinário não dá um gato anestesiado fora da cirurgia, porque ele monitoriza o despertar.
- Em casa, o seu Sphynx precisa de um ambiente quente e tranquilo com um lugar para se retirar.
- As instalações de escalada não devem estar disponíveis, pois os gatos tendem a subir a alturas elevadas mesmo que ainda não estejam aptos.
- Os gatos só recebem comida e água quando podem voltar a andar normalmente.
- As suturas feridas devem ser protegidas da língua e dos dentes do gato por uma coleira de funil.

Figura 11: Usar colarinho de funil.

Os fatos de corpo ou ligaduras não têm qualquer utilidade. Isto acontece porque o gato lambe o tecido até ficar encharcado. Além disso, a maioria dos gatos Sphynx pode remover tais obstáculos.

Através de um treino consistente (ver "desagrado duradouro" no apêndice), pode poupar ao seu animal alguma anestesia. A anestesia só deve ser necessária se o tratamento for doloroso. Os exames de ultra-som ou o corte de garras devem ser possíveis sem anestesia.

A selecção do gato Sphynx

Pense um pouco no animal que pretende adquirir. Acima de tudo, a origem é crucial.

Gato bebé ou animal adulto?

No topo da lista de desejos encontram-se muitas vezes gatinhos, que devem ser o mais jovens possível. Mas recusam-se a acolher um Sphynx com menos de 13 semanas. Os cachorros têm saudades da mãe. Além disso, a separação demasiado cedo da mãe e dos irmãos pode ser fatal. O organismo ainda precisa do leite materno e a pequena alma precisa da segurança da família dos gatos.

Tenha também em mente que os gatinhos levam ainda mais tempo do que um gato Sphynx adulto, o que também será muito exigente para si. Não é preciso ter medo. Até os velhos gatos nus se instalam rapidamente e criam laços com os seus novos donos. A ligação tornar-se-á muito rapidamente fechada. Portanto, não há razão para adquirir necessariamente um gatinho.

Especialmente os principiantes na criação de gatos estão em melhores condições de ter um animal ligeiramente mais velho. O proprietário anterior pode falar-lhe das peculiaridades do gato e também sabe exactamente quanta comida precisa. Os animais jovens podem comer o quanto quiserem. A partir da idade de um ano, deve prestar atenção à quantidade de alimentos. Por vezes é difícil discutir com o gato o tamanho certo da porção e o número de refeições. Ela vai pedir mais em voz alta. Quando se compra um gato adulto, esta fase fica para trás. Basta adoptar o plano de dieta do proprietário anterior.

Criadores, multiplicadores e comerciantes

Não existe uma definição juridicamente clara do que é um criador e do que é um "propagador". Os criadores de gatinhos são pessoas que não acasalam animais por interesses comerciais, a fim de obter gatinhos. Ninguém prescreve que um criador deve pertencer a uma associação.
Os reprodutores no sentido deste livro são pessoas que têm no coração o bem-estar dos animais. Vivem pelo menos com as fêmeas e a sua descendência na família. As mães e os animais jovens não vivem numa gaiola no jardim.

Os criadores querem produzir muitos animais jovens a fim de os vender com lucro. Para elas, as fêmeas são máquinas de parto, se possível devem ter até 4 ninhadas por ano. Conseguem-no separando rapidamente os jovens das represas e submetendo os gatos a tratamentos hormonais. Os animais vivem em estábulos ou em gaiolas no exterior. Normalmente nenhum veterinário se ocupa deles e muitos dos gatinhos que estas pessoas vendem estão gravemente doentes.
Os comerciantes só vendem animais jovens que provêm destes criadores. Nenhum criador que ame os seus animais os entrega nas mãos de alguém que apenas os queira vender.

Bons e maus vendedores

Qualquer pessoa que ofereça gatos Sphynx ou afirma ser um criador ou que é uma venda angustiada porque não pode manter o seu amado gato.

Os criadores estão geralmente numa associação que tem directrizes estritas para manter a saúde dos animais. Mas também existem associações de criadores estrangeiros cujas regras são menos rigorosas. Assim, é frequente ter de decidir sobre o vendedor de acordo com o seu próprio sentimento e compreensão.

Ao comprar gatinhos, preste atenção à criação de gatos. Os cachorros vivem com as suas mães com a família do vendedor? O vendedor faz-lhe perguntas sobre a criação planeada consigo? Um bom sinal é se ele não quiser vender nenhum Sphynx antes da 13ª semana de vida e nunca em habitações individuais. Também é positivo se ele exigir ser incluído em qualquer revenda e insistir na esterilização. Ele tem algumas provas de vacinas e estado de saúde para todos os gatinhos. Além disso, pode também apresentar documentos correspondentes sobre os pais.

Os animais mais velhos são por vezes oferecidos por criadores, porque normalmente só procriam com animais que não tenham mais de 6 anos de idade. Normalmente só se separam dos animais se não houver outra opção. Acontece também que um dono está sobrecarregado com o seu gato nu ou as condições de manutenção mudam, por exemplo, porque uma mudança é iminente. Estes vendedores podem sempre provar que os animais oferecidos são sua propriedade. Verificar que número tem o chip do animal e se coincide com os papéis (cartão de vacinação ou papéis de reprodução). Pode obter leitores por cerca de 100 euros em lojas. Talvez um veterinário ou um abrigo para animais lhe empreste tal dispositivo, com o qual poderá facilmente verificar o número do chip.

Recusar-se a comprar gatos descascados ou se o vendedor não tiver quaisquer papéis. Acontece que os gatos domésticos raspados são oferecidos como gatos nus. Os animais roubados também são vendidos. O legítimo proprietário de um gato Sphynx tem sempre papéis e o gato é lascado.

Nunca compre por piedade.

A maioria dos compradores que compram a comerciantes duvidosos não querem apenas poupar dinheiro. Tiram os animais por pena em vez de parcimónia. Um gatinho que se aconchega assustado e olha para si com prazer, toca o coração.

Fique firme se tiver a impressão de que é um criador ou se houver outros sinais de que os animais não estão a ir bem com o proprietário. Ao comprar, está a apoiar esta crueldade para com os animais. O animal que se resgata está demasiadas vezes tão doente que em breve morrerá. Mesmo com os melhores cuidados já não se pode ajudar.

Contactar uma associação de protecção dos animais ou a polícia. Desta forma, todos os animais do vendedor têm uma hipótese de receber o melhor tratamento possível. Informe também a polícia ou uma organização de bem-estar animal se suspeitar que animais roubados estão a ser oferecidos.

As compras para o gato

Nas lojas de animais, as prateleiras são dobradas com acessórios para gatos. Confrontado com patos de borracha, saltadores para gatos, camas para gatos, caixas de transporte e muito mais, perguntamo-nos muitas vezes do que o gato Sphynx realmente precisa.

A caixa de transporte

Cada gato deve ter a sua própria caixa espaçosa a longo prazo. Apenas os cachorros que vêm do mesmo agregado familiar devem ser transportados juntos num único contentor. Isto minimiza o stress durante o transporte. Os animais mais velhos viajam melhor separadamente, porque a agressão pode ocorrer rapidamente nos confins da caixa.

É melhor comprar uma caixa de plástico espaçosa na qual o gato também possa ficar de pé. Os cestos ou sacos de pano são menos adequados porque o seu gato pode ter medo de fazer o seu negócio neles. Além disso, poderá ter de transportar um animal que sangra para o veterinário.

Figura 12: A caixa de transporte é importante.

Idealmente, a caixa tem uma porta na frente e também pode ser facilmente aberta a partir do topo. Isto facilita a retirada do gato da caixa no veterinário ou a sua colocação no veterinário.

Colocar uma almofada para incontinência ou uma almofada para cachorros na caixa e um cobertor ou toalha sobre ela. Desta forma, tudo ficará seco durante o transporte, mesmo que se passe alguma água pelo caminho.

Dica: Desmontar a porta, colocar uma almofada no interior e usar a caixa como covil de gatos. Os seus gatos Sphynx aceitarão de bom grado tais esconderijos. Se tiver de ir ao veterinário, coloque a porta para dentro e tranque os gatos para fora durante alguns dias. Entrarão a correr assim que a porta estiver aberta. Alguns gatos também correm para a caixa o mais rapidamente possível na prática após o tratamento.

Tigelas e fontes

Arranje duas a três tigelas de porcelana ou vidro por gato, porque os gatos adoram comer a partir de pratos limpos. Isto torna mais fácil ter sempre uma tigela limpa à mão. Deve haver também duas a três grandes e pesadas tigelas para água. Colocar estes em diferentes lugares do apartamento.

As taças de alimentação em cerâmica, porcelana ou vidro são ideais. O material é bastante pesado e por isso permanece no lugar. Também é fácil de limpar. As tigelas rasas são mais adequadas para gatos com nariz curto do que as versões profundas.

Figura 13: Tigela de gato, ©

As tigelas de água devem ser grandes e pesadas para que a água esteja sempre disponível e o gato não possa derrubar a tigela. Pelo menos arranje um tapete para a tigela da comida, porque a maioria dos gatos espalha a comida ao lado da tigela.
Os gatos adoram a limpeza. Por esta razão, são necessárias duas a três taças de comida por animal, idealmente de vidro ou cerâmica. Além disso,

duas a três tigelas profundas para água são importantes. Um bebedouro e almofadas laváveis completam a gama de pratos para gatos.

Figura 14: Um bebedouro para gatos ©

Tabuleiro do lixo do gato

Idealmente, deverá ter mais um tabuleiro de ninhada em casa do que há gatos. Os animais preferem um lugar diferente para a pequena empresa do que para a grande.

Também tem de aceitar que a ninhada do gato será sempre espalhada por toda a casa, independentemente da casa de banho que escolher. Os gatos não gostam de tabuleiros de lixo cobertos, pois gostam de observar o ambiente enquanto estão ocupados. Normalmente equilibram-se na porta dos modelos com uma capota. Infelizmente, isto também provoca a queda de algumas coisas.

Figura 15: Caixa de lixo com touca, ©

Uma borda alta é uma vantagem, contudo, porque alguns gatos vão tão para trás que o seu negócio acaba atrás do tabuleiro da ninhada.

Escolha a roupa de cama .

Quase todos os gatos Sphynx são muito mais sensíveis à ninhada de gato do que à casa de banho. Se possível, ater-se ao tipo que os animais conhecem.

Uma visão geral das variedades actualmente disponíveis no mercado pode ser encontrada na tabela:

Tipo de	Imóveis	Limpeza do

produto		tabuleiro do lixo
Lixo orgânico não aglomerado	+ não poeiras + muito absorvente + compostável + normalmente para ser eliminado através do WC + geralmente fácil de digerir (importante para os gatinhos porque muitas vezes comem a ninhada). - ligação de odores medíocres	Remover diariamente os excrementos com uma malha e voltar a encher o lixo conforme necessário. Substituir completamente pelo menos semanalmente.
aglomeração de lixo orgânico	+ não poeiras + muito absorvente + compostável + normalmente para ser eliminado através do WC - ligação de odores medíocres - Teste de solubilidade apropriado se os animais o comerem.	Remover diariamente excrementos e torrões com um furo de malha. Encher com lixo conforme necessário e de 2 em 2 semanas ou mais. renovar completamente.
Lixo de silicato	+ não poeiras + muito absorvente + excelente encadernação de odores - O rústico e isto pode assustar o gato. - Não deve ser comido pelo gato.	Retirar diariamente os excrementos com uma pá de grelha e Substituir completamente o lixo a cada 4 semanas. A eliminação é feita através do lixo doméstico e não na casa de banho.
Lixo mineral não aglomerado	+ muito absorvente + retenção de odores bastante boa - poeiras	Remover diariamente os excrementos com uma colher de lixo e encher de novo com o

	- Teste de solubilidade apropriado se os animais o comerem.	lixo. Substituir completamente a ninhada pelo menos uma vez por semana. A eliminação é feita através do lixo doméstico e não na casa de banho.
aglomeração de lixo mineral	+ muito absorvente + retenção de odores bastante boa - poeiras - Teste de solubilidade apropriado se os animais o comerem.	Remover diariamente excrementos e grumos e encher de novo com lixo. Substituir completamente a ninhada pelo menos uma vez por semana. A eliminação é feita através do lixo doméstico e não na casa de banho.

Evitar as variedades perfumadas, uma vez que estas são geralmente atadas com fragrâncias artificiais. Os gatos não gostam de tais cheiros. Além disso, estes aditivos são frequentemente a verdadeira razão pela qual as pessoas são alérgicas aos gatos.

Brinquedos e outras coisas pequenas

Provavelmente terá mais brinquedos do que os gatos realmente precisam dentro de algumas semanas. Os gatos Sphynx são muito brincalhões e encontrarão sempre algo com que gostam de brincar. Por conseguinte, é de facto desnecessário comprar ratos de brincar e jogos de plumas coloridas. No entanto, a maioria dos proprietários de gatos compra sempre um dos brinquedos quando compra comida, porque estes brinquedos apelam imediatamente às pessoas. Os seus gatos vão gostar tanto de brincar com rolhas, papel amassado ou cones da floresta.

Figura 16: Mobiliário caseiro por amantes de gatos, ©

Uma boa compra são tábuas raspadoras feitas de madeira verdadeira, cobertas com sisal e feitas de cartão canelado. Quanto mais oportunidades de arranhar em todo o apartamento, maior é a probabilidade de os seus gatos não cobrirem os móveis com marcas de arranhões.

Comprar também um arnês de gato com trela. Os modelos que se assemelham a um body são mais suaves no gato e também mais seguros. Uma vez que os gatos Sphynx são muito ágeis e curiosos, eles precisam de muita variedade. Um passeio de trela oferece novas impressões e a oportunidade de ganhar experiência. No entanto, é necessário habituar os animais à trela numa idade muito jovem. Arranje um arnês por animal.

Os gatos precisam de oportunidades para desabafar. Isto é especialmente importante para os animais que não têm acesso ao exterior. Para além de muitos brinquedos pequenos, tais como varas de pesca e ratos de pele, deve haver suficientes oportunidades de escalada e de arranhar.

Os postos de riscar das lojas de animais são frequentemente demasiado pequenos e demasiado instáveis. Também não tem de ser sempre uma árvore. Uma parede de escalada ou uma peça de mobiliário que se redesenha para o gato é frequentemente mais adequada.

Um bom mobiliário para arranhar é melhor construído por si ou pedir a um carpinteiro que o faça. Aqui estão algumas sugestões para si:

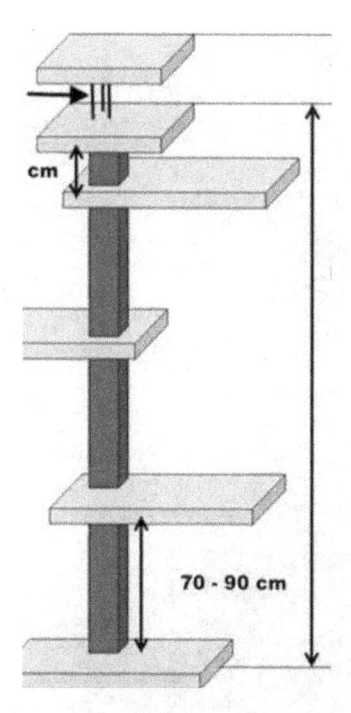

Figura 17: Exemplo de parede trepadora, © rgladel

Pode ver a construção aproximada no esboço. As prateleiras devem ter cerca de 50 cm de largura e 80 cm de comprimento. Enfiar a tábua inferior no chão e a tábua superior no tecto. Para dar estabilidade à estrutura, inserir três hastes roscadas profundas no pilar superior com a ajuda de porcas. Devem poder ser desatarraxados para cima em cerca de 10 cm e permanecer firmemente ancorados na coluna. Isto dá-lhe a oportunidade de afundar as extremidades superiores das hastes no painel anexo ao tecto. Para gatos grandes e pesados ou animais muito temperamentais, é melhor fixar duas das prateleiras com ângulos a uma parede. Cobrir um dos postes com fio de sisal e as prateleiras com alcatifa ou cartão.
A árvore natural é baseada numa árvore real da floresta ou num ramo muito forte. Aparafusá-lo a uma tábua com vários parafusos fortes à prova de ferrugem. A árvore deve ser capaz de ficar de pé sem apoio. Serrou as extremidades paralelamente ao solo e aparafusou tábuas e uma caverna sobre ele. É claro que a construção não suportaria a investida de um gato.

Portanto, afundar a placa de base em betão. A base pesada evita que a árvore caia.

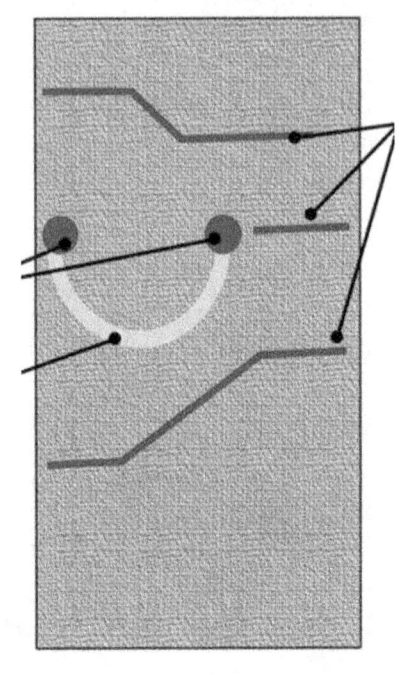

Figura 18: Esboço próprio de possibilidade de escalada de fixação, © rgladel

Uma parede de arranhar e trepar é perfeita para um pequeno apartamento. As tábuas inclinadas só precisam de uma profundidade pouco profunda de 15 a 20 cm. As tábuas horizontais servem como lugares de descanso e devem ter 35 a 40 cm de profundidade. O mesmo se aplica aos troncos que suportam uma rede. Também se podem fazer suportes de rede a partir de placas de MDF.

Importante: O seu gato normalmente também vai querer arranhar perto da porta. Marca o seu território desta forma. Quer deixar a sua marca porque é assim que demonstra a sua força a outros gatos. Cobrir a porta com material resistente tal como lona para evitar arranhar a madeira. As paredes são melhor protegidas com papel de parede de fibra de vidro ou gesso cartonado. Para manter o gatinho feliz, também se pode obter uma tábua raspadora feita de cartão canelado.

Muitas raças de gatos precisam de um lugar de retiro. Uma caixa de cartão ou caixa de madeira com cobertores é suficiente e mais prática do que um covil almofadado. Pode simplesmente lavar cobertores soltos quando estão sujos. Os gatos adoram antros que estão a uma altura arejada. Por isso, fixar também um de forma segura a um armário ou armação de escalada para os gatos.

Um sphynx move-se para dentro.

Os gatos Sphynx têm uma mente muito aberta e, por isso, a sua instalação não é normalmente um problema. No entanto, deve ter em mente algumas coisas, porque um choque ao mudar-se para a nova casa pode perturbar os gatos.

Apanhar os animais

A pior coisa que pode acontecer a um gatinho é arrancar o bebé aos seus irmãos e enfiá-lo numa caixa com um gato estranho para o transportar para a sua nova casa.

A dor da separação é minimizada se se decidir comprar dois gatinhos a um criador. Geralmente, os gatinhos devem também entrar na caixa voluntariamente. Isto pode ser facilmente conseguido através da montagem da caixa pronta no vendedor alguns dias antes da data de recolha. Os gatinhos irão certamente tomar posse dela imediatamente. Em qualquer caso, o "covil" é-lhes familiar e o transporte não os assustará.

Por favor, não se limitem a pegar no Sphynx para a levar para o carro. Ela pode ficar assustada e fugir em pânico. Também não é uma boa ideia deixar um gato sair da caixa no carro. Um gato que anda a passear no carro e talvez entre em pânico põe em perigo os passageiros e também o trânsito.

Estabelecer-se em

A impaciência só faz mal. O gato deve ser autorizado a explorar e conquistar o novo ambiente em paz. Ninguém a tira do recipiente e ninguém se senta em frente dele para verificar constantemente o gatinho. Vai sentir-se ameaçado.

Claro que as pessoas que não conseguem controlar-se e assustar o animal com gritos estridentes de prazer não têm nada que fazer no apartamento no dia da mudança para cá. Por isso, deve sensibilizar as crianças antes de se mudar.

Os animais de estimação existentes devem estar presentes, mas certifique-se de que eles não enchem o novo aditamento. No capítulo "Acompanhamento para gatos Sphynx" encontrará conselhos valiosos sobre o assunto.

Educação e formação

Sem formação, viver juntos torna-se stressante para ambas as partes. Com os gatos Sphynx também não se deve passar sem treino, pois os animais inteligentes aborrecem rapidamente.

Não misturar formação e educação.

Educação significa ensinar aos animais o que é proibido, por exemplo, subir na cortina. A educação também significa que o Sphynx aprende a suportar várias coisas, por exemplo, um exame dos ouvidos. Por isso, não deve resistir quando se tomam as medidas necessárias. Os gatos que não obedecerem às regras serão punidos. A punição é parar a acção proibida e ignorar o animal para o resto.

O treino significa que se encoraja o animal a fazer algo específico, por exemplo, saltar de uma cadeira para outra. O gato tem o direito de ignorar o seu comando. Se a levar a cabo, recebe uma recompensa.

Importante: Separar rigorosamente educação/punição da formação/recompensa. Não se dá uma recompensa quando o seu Sphynx é suficientemente bom para sair da cortina e não se castiga quando não lhe apetece saltar à ordem.

Educação consistente

Deve ficar claro para o seu gato Sphynx o que é permitido fazer e o que não é. Não é um problema se Peter não tolerar que o gato durma na sua cama enquanto Karin traz o gato para a cama com ele. Há uma regra clara para o gato, que ela vê através dela. "Não posso entrar na cama de Peter, mas posso entrar na cama de Karin".

Mas mesmo o gato mais esperto não compreenderá porque é que Peter o estraga com guloseimas da mesa, enquanto Karin não tolera que o gato se aproxime da mesa.

Estabelecer um catálogo de proibições mesmo antes de o gato se mudar para cá.

Importante: Todos os membros da família aplicam as proibições de forma igual e consistente. Determinar também quem irá impor medidas desagradáveis ao gato. A fim de não tentar demasiado a paciência do animal, apenas uma ou duas pessoas devem insistir em cuidar do gato ou similar em certos momentos.

Chegue a acordo sobre uma palavra com a qual proíba o gato de fazer algo. Idealmente, deveria ser a palavra "não". Palavras como "Yuck" ou "Ugh" são menos adequadas. Imagine esta situação: O seu gato apressa-se para um convidado que sabe que é alérgico a gatos. Quer parar o gato. Infelizmente, o convidado poderia então usar a palavra "ugh" para se referir a si próprio.

O mais importante é a coerência. O seu gato salta para a cortina. Deve sempre reagir com a palavra "Não" e tirar o gato da cortina se ele não descer imediatamente. Significa sempre sempre, mesmo que esteja deitado confortavelmente no sofá, a preparar o jantar ou a falar ao telefone. O seu gato verá todas as excepções como um levantamento geral da proibição. Terá então de recomeçar tudo de novo.

O adestramento proporciona variedade

Há muito que os animais são treinados em jardins zoológicos porque se tem notado que os animais dos jardins zoológicos se aborrecem em jaulas e mesmo em grandes recintos exteriores. Assim, a formação é um substituto para as actividades na natureza. Dê o prazer ao seu Sphynx.

Basta pensar em palavras de comando tais como "sentar", "saltar" ou "deitar-se". O gato irá provavelmente responder principalmente a sinais manuais, por isso é mais provável que as palavras sugiram aos espectadores que o gato está a fazer algo sob comando.

Exemplo:
Tem um mimo na sua mão. O seu gato quer alcançá-lo. Segure a sua mão sobre uma cadeira e o gato salta para o assento para agarrar a guloseima. Passar por cima de outra cadeira a cerca de meio metro de distância. O gato saltará também para a outra cadeira. Pontuar a acção com palavras como: "Saltar para a cadeira" ou "Saltar para cima". Isto cria a impressão de que o gato está a ouvir as suas palavras.

Após algum tempo, o gato executa o truque quando apenas finge segurar algo na sua mão. O que diz é de importância secundária. O seu gato pode reagir a "saltar" ou "saltar", aquilo que menciona além disso não tem qualquer influência.

Formação de clicker

Especialmente com gatos que gostam de comer tanto como os gatos Sphynx, o treino com guloseimas é questionável a longo prazo. A formação de clicker é, portanto, uma boa opção. Nesta formação, um som substitui a recompensa comestível. Isto é conseguido através de condicionamento, no qual um certo som está ligado a uma expectativa.

Tudo isto é conhecido como o reflexo pavloviano. O investigador russo Ivan Petrovich Pavlov tocou sempre à campainha quando alimentava os seus cães. Isto levou ao facto de que o anelar era suficiente para desencadear um aumento do fluxo de saliva nos cães. Isto ocorre geralmente assim que os animais esperam alimentos.

O condicionamento específico só é, evidentemente, possível com sons que não ocorrem normalmente na vida quotidiana. Hoje em dia, um pequeno dispositivo (o clicker) é utilizado para produzir um som deste tipo. No entanto, também pode treinar com um sino ou dispositivo semelhante que produz um som único.

O condicionamento, ou seja, o acoplamento de som e recompensa, tem lugar sem que o gato tenha de fazer um truque.

Segure o clicker e a recompensa nas suas costas. O gato também não deve ver.
2. fazer com que o sphynx os vigie cuidadosamente.
3. agora faça o som e dê uma recompensa ao mesmo tempo.

Os animais inteligentes geralmente ligam o som e a recompensa rapidamente. É suficiente se repetir o exercício descrito cinco a dez vezes por dia durante cinco dias consecutivos.

Mais tarde, durante o treino, continue a dar um mimo enquanto faz o som. Isto evitará que o Sphynx esqueça o que aprendeu.

Evitar os erros típicos dos pais .

Alguns donos de gatos Sphynx interrogam-se porque é que o seu gato não pode ser treinado. A culpa nunca é com o animal, mas sim com o treinador. Sem o perceber, envia a mensagem errada, ou simplesmente não é coerente, ou a família não age de forma uniforme. Um gato que não consegue quebrar o hábito de mendigar fez a experiência de que só tem de mendigar o tempo suficiente e conseguirá o que quer. "Só tem de ser consistente", pensa provavelmente o gato. Muitas vezes uma recompensa no momento errado é a causa de um comportamento indesejável. O exemplo seguinte ilustra isto:

Tem visitantes e quer falar com eles sem ser perturbado. Os seus gatos Sphynx não gostam disto e exigem atenção. Mostram os truques que aprenderam, mas ninguém está interessado. Assim, os gatos continuam a fazer coisas que são proibidas. Os animais espertos sabem muito bem que intervirá imediatamente se os gatos encurralarem o sofá com as suas garras ou se os gatos começarem a atirar livros da prateleira.

A questão vai para os gatos, porque eles conseguem fazer com que as pessoas se voltem para os animais. Permanecem consistentes e levantam o gato da prateleira ou perseguem-no do sofá com um salpico de água. No entanto, o gato aprende que se fizer algo proibido, recebe a sua atenção indivisível. Pode trazer os gatos energizados para o seu cesto e dar-lhes algumas guloseimas para os manter ocupados. Os seus gatos aprendem: "Tudo o que tem de fazer é comportar-se mal e receberá uma recompensa".

Só quebrará os animais destes maus hábitos se se certificar de que eles não conseguem o que querem. Levar os arruaceiros para outra sala e fechar a porta. Não reajam, não importa o que vão ouvir agora.

Dica: Criar um espaço onde os animais possam correr sem causar muitos danos e onde não se ponham em perigo.

Quando os seus gatos Sphynx tiverem aterrado na sala algumas vezes, aperceber-se-ão de que o mau comportamento não conduzirá ao sucesso. *A propósito*: coçar não é um mau hábito. Os seus gatos Sphynx devem ter a oportunidade de deixar marcas com as suas garras. Tudo o que pode fazer é evitar que arruínem o mobiliário. Leia o capítulo "Os gatos devem ser autorizados a coçar".

Reconhecer sinais de doença

Como principiante na criação de gatos, não se sabe que mudanças de comportamento indicam uma doença. Quase todos os gatos mudam os seus hábitos de vez em quando. De repente evitam o seu lugar preferido sem motivo algum ou deixam os brinquedos queridos sem vigilância. Uma indicação de uma doença é quando o seu Sphynx já não sobe no ar, retira-se de si e de outros animais e geralmente não gosta de brincar. A recusa de alimentos é também uma indicação de doença.

Considerar se o gato teve um acidente, por exemplo, caiu do posto de arranhar. Verificar o corpo do animal. Existem inchaços ou lesões externas?

Muitas doenças ou envenenamentos manifestam-se através do vómito, diarreia ou obstipação. Se o gato não consegue passar urina ou passa apenas pouca urina, tem problemas com o tracto urinário.

O quadro resume alguns sintomas e que reacções são apropriadas.

Sintoma	Resposta apropriada
Emaciação	Observar se o aumento da actividade do gato ou a época de acasalamento pode ser a causa. Se ocorrerem vómitos e diarreia, deverá consultar um veterinário.
Falta de apetite	Inofensivo se o gato ingerir alimentos de qualquer forma. Consultar um veterinário se ocorrer salivação, diarreia, vómitos e febre.
Falta de ar	O gato pode ter um corpo estranho nas vias respiratórias ou pode estar inflamado.
Ventre, cheio e gordo	Observar se o animal comeu em demasia. Houve alguma alteração na alimentação ou poderia estar grávida? Se houver dor, vómitos, falta de fezes, descarga de disco ou falta de ar, consultar o veterinário.
Diarreia	Verificar se houve uma mudança de comida ou se o animal pode ter comido comida estragada. Talvez coma demasiado avidamente ou tenha bebido leite. Consultar o veterinário se a diarreia durar mais de 2 dias e se houver febre ou vómitos. Deve também contactar um veterinário se houver fezes de sangue aguado.
Vómito	As causas inofensivas são demasiado gananciosas ou demasiada ingestão de alimentos. Se também houver diarreia, febre, mucosas pálidas, estômago tenso e dor, é necessário ver o veterinário imediatamente.
Come muito	Verificar se o gato não foi alimentado o suficiente antes. Muitas vezes a inveja alimentar é a razão. Se o gato beber muito, estiver emaciado ou parecer indiferente, deve ir ao veterinário.
aumento da micção	Se persistir, o animal é emaciado, há sangue na urina ou o abdómen parece doer, é necessário ir

	imediatamente ao veterinário. Leva uma amostra de urina contigo.
micção reduzida	O gato provavelmente não está a beber o suficiente. Misturar um pouco de água com a comida. Se a barriga estiver cheia e dura, se o gato estiver apático ou tiver febre, deve ir ao veterinário.
Erupção cutânea	Verifique se o fez em demasia com o seu cuidado corporal. Banhos frequentes, aditivos de banho que desengorduram ou contêm perfume levam frequentemente ao eczema. Evitar a aplicação de cremes na pele do animal. Em caso de prurido grave, ir ao veterinário.
Tosse	A maior parte das vezes, os animais vomitam. Isto é normalmente inofensivo. Em caso de aumento da respiração, inflamação dos olhos, salivação ou febre, é necessário ir ao veterinário.
Coxeio	Se o gato coxear ou arrastar uma perna e não houver qualquer melhoria após um máximo de dois dias, deve ir ao veterinário. O animal feriu-se a si próprio.
Mau hálito	Considerar se o animal comeu algo que cheira mal, por exemplo, peixe. Se houver também salivação, amordaçamento ou problemas alimentares, há provavelmente problemas dentários. É preciso ir ao veterinário.
Salivar	A causa é geralmente problemas dentários ou gengivais, inflamação ou envenenamento. É preciso ir ao veterinário.
Bebe muito	Isto é normal em tempo quente ou com uma dieta alimentar seca. Se fezes de grande calibre, micção frequente, Se houver também corrimento vaginal ou aumento da ingestão de alimentos, consultar um veterinário.

| Obstipação | Se isto durar mais de 2 dias, se houver uma barriga dura, dor ou se o pulso e o batimento cardíaco forem acelerados, é necessário ir ao veterinário. |

A temperatura corporal em gatos nus

A temperatura corporal dos seres humanos é normalmente de 37° Celsius. Isto diz respeito ao interior do corpo. Mesmo num ambiente quente, as mãos são significativamente mais frias. Num ambiente frio, a temperatura das extremidades cai rapidamente para os 28° Celsius. Os gatos têm geralmente uma temperatura corporal de 38,3 a 39° Celsius. O pêlo de um gato peludo impede-o de sentir este calor quando lhe toca. Com os gatos da esfinge, toca-se a pele mal peluda, que tem aproximadamente a mesma temperatura que o corpo inteiro do gato. Assim, sentirá sempre o gato nu como quente. Isto torna-lhe difícil reconhecer uma febre.

Mesmo um gato Sphynx paciente dificilmente o apreciará se inserir um termómetro rectamente. Existe também um risco de ferimento se o gato resistir ou tentar fugir. Obter um termómetro auricular que mede a temperatura através de infravermelhos. Faz sentido medir a temperatura corporal do gato sempre que se verifica as orelhas. Desta forma, conhecerá com certeza os valores normais e o animal acostumar-se-á ao procedimento.

Amostras de urina e fezes

O veterinário tem frequentemente de examinar as fezes e a urina do gato para o diagnóstico. Pode poupar-lhes o trabalho de colher uma amostra no local se levar consigo algumas fezes e urina para a prática. Observar quando o gato em questão visita o tabuleiro da ninhada e leva imediatamente alguns excrementos com um saco de plástico. Também pode levar a amostra ao veterinário neste saco. Armazenar a amostra num local fresco e trazê-la para a prática o mais depressa possível.

As amostras de urina são um pouco mais difíceis de recolher. Se tiver sorte, o gato vai tolerar que segure uma pequena concha no riacho enquanto deposita urina. Contudo, a maioria dos animais saltam indignados e não são muito cooperantes.

Muitos gatos não se importam se não houver quase nenhuma ninhada no tabuleiro da ninhada. Também pode comprar um kit de amostragem de urina ao seu veterinário ou a uma loja especializada. Este contém um granulado plástico para o tabuleiro do lixo que não absorve urina. É claro que terá de observar qual o gato que está a urinar. Se um dos gatos utilizar este tabuleiro de ninhada que não esteja doente, limpe bem a ninhada e a sanita. Assim que o animal certo tiver urinado, tomar uma seringa descartável e sugar parte do líquido.

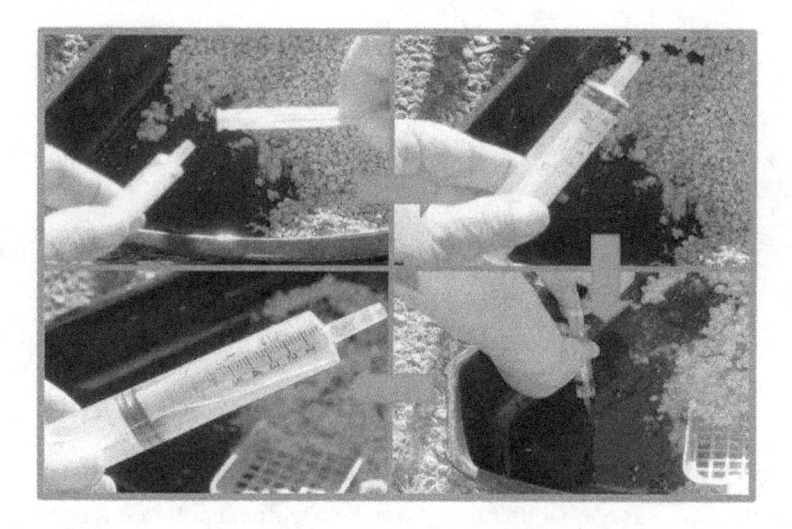

Figura 19: Recolha de amostras de urina, ©

Apêndice:

Mudar a alimentação

Os seus gatos devem estar habituados a aceitar diferentes tipos de alimentos o mais rapidamente possível. Lembre-se: Pode sempre acontecer que uma variedade já não esteja disponível ou que o fabricante altere a receita. Um Sphynx que só conhece um alimento há décadas terá dificuldade em ser convencido de que agora há algo diferente na tigela. Uma mudança também pode ser muito problemática se já não se conseguir a comida a que se está habituado. Alguns gatos reagem com graves problemas digestivos a uma mudança súbita.

Portanto, habitue o seu gato Sphynx a comer pelo menos três marcas diferentes de alimentos.
Com este método, é possível conseguir a conversão em poucas semanas:

- ✓ Seleccione dois a três tipos de comida que o seu gato deverá receber no futuro, alternando com a comida a que está habituado.
- ✓ O primeiro passo é a introdução de um novo sabor. Dê aos gatos a sua comida habitual, à qual acrescenta uma colher de sopa de um dos novos sabores.
- ✓ Mude a nova variedade que acrescenta todos os dias ou em todas as refeições.
- ✓ Após 14 dias, adicionar uma das novas variedades numa proporção de 1:1 à alimentação habitual.
- ✓ Mudar novamente diariamente ou em cada refeição a nova variedade.

A maioria dos gatos Sphynx estará pronta para aceitar a nova comida após mais 14 dias. Se ainda não estiverem prontos, continuar a dar alguns dos alimentos habituais em cima da nova comida por mais 14 dias.

O problema com o BARF

"BARF" (também "B.A.R.F.") significa hoje "Biologically Appropriate Raw Food". Parece simples, mas é complicado. Não há dúvida de que a dieta natural dos gatos consiste em carne crua. Mas os gatos não matam gado bovino ou caprino, mas apenas pequenos animais. Comem-nas completamente com pele e cabelo. Portanto, um filete de carne é tudo menos uma dieta adequada à espécie.

É possível obter ratos, ratos e pintos congelados nas lojas. Se a sua disposição e os seus gatos estão à altura, pode alimentá-los exclusivamente com este tipo de comida. Só que não é necessariamente agradável colocar um rato com pêlo na tigela do gato. As crianças em particular reagem sensivelmente quando um ratinho fofinho vai servir de alimento.

Por rato, um gato ingere cerca de 0,3 g de hidratos de carbono contendo o conteúdo estomacal do animal de presa. O sistema digestivo do gato é concebido para alimentos proteicos e não consegue digerir amido. O lombo de vaca com vegetais não é, portanto, uma dieta saudável para os gatos. Um rato tem uma percentagem de gordura corporal de 8 a 12 %. Muitos tipos de carne não contêm gordura suficiente ou a distribuição está numa composição errada.

O fornecimento de vitaminas e taurina é problemático. Um rato é muito rico em taurina. 100 gramas de rato fornecem 240 mg. No entanto, a mesma quantidade de carne de vaca, fornece apenas 31 - 62 mg. Com vitaminas, cálcio e fosfato, não é só a quantidade que importa, mas também a relação entre si. A vitamina B6, por exemplo, protege contra a perda de vitamina C através da urina e a vitamina E impede a destruição oxidativa da vitamina A.

Se quiser alimentar o seu gato com uma dieta adequada à espécie, nunca deve simplesmente alimentar carne crua. Faz sentido começar com comida BARF congelada ou com carne fresca, à qual se adicionam suplementos completos adaptados às necessidades do gato.

Cada gato deve ter o prazer de ter carne crua na sua tigela pelo menos uma vez por semana. Idealmente não carne picada, mas sim pedaços que ela tem de mastigar, porque isto evita danos dentários.

A senhora está grávida

Infelizmente, os gatos acabam sempre em abrigos porque as suas amantes estão grávidas. Nenhum gato prejudica a vida em gestação pela sua presença. É necessário um certo cuidado após o nascimento, porque o gato Sphynx pode saudar a nova vida um pouco impetuosamente, mas rapidamente se tornará um bom amigo para a criança.

Um perigo não pode ser negado, uma primeira infecção com Toxoplasma gondii. A doença passa muitas vezes despercebida, pelo que se deve fazer um teste antes ou, o mais tardar, no início da gravidez. Muitas mulheres já tiveram uma infecção e não precisam de se preocupar. Aqueles que nunca tiveram toxoplasmose devem seguir estas regras:

- Não comer carne crua ou salsicha. Também não deve tocar nestes produtos.
- O agente patogénico também pode sobreviver no solo. Por conseguinte, usar luvas e um protector bucal na jardinagem.
- Lavar bem a fruta e os legumes, porque também pode aderir a eles.
- Não limpar o caixote do lixo. Mandar outro membro da família limpá-lo diariamente e lavá-lo com água mais quente do que 60°.
- Lave bem as mãos se brincou com ou acariciou gatos.

Montar o berço e a mesa do bebé algumas semanas antes do nascimento. Proibir o gato de se sentar sobre ele ou dentro dele.

Deixar os gatos farejar a criança. São curiosos e farão tudo o que estiver ao seu alcance para conhecer a nova criatura. Portanto, oferecer aos animais uma oportunidade de o fazerem sob supervisão.

Pode ser que os gatos queiram deitar-se com ou sobre a criança. Claro, isto é feito por amor e não para o prejudicar. Por conseguinte, não se deve deixar o bebé e os gatos juntos sem supervisão. Assim que a criança possa rastejar, não há normalmente mais riscos, ela defender-se-á contra gatos demasiado intrusivos.

Aderir a dietas para vários animais.

Os gatos do Sphynx são muito gananciosos. Por conseguinte, não deve ser dada aos animais a oportunidade de comerem a comida de outras pessoas. Alimentar os gatos sob supervisão. A tigela não deve estar sempre cheia.

Idealmente, todos os gatos e cães do lar são lascados e a comida é dada em taças que só abrem quando o animal certo está sentado à sua frente.

Endurecer o desagradável

O seu gato deve suportar uma inspecção regular do seu corpo. Idealmente, ela manter-se-á tão imóvel sob comando que pelo menos um exame ultra-sonográfico é possível sem anestesia. Os gatos nus normalmente não precisam de ser depilados antes da sonicação. Isto é uma vantagem.
O exame não deve tornar-se um jogo para as crianças. Portanto, determinar quem pode examinar o gato e quando. É suficiente submeter o animal a tais procedimentos uma vez por semana.

Importante: Começar os exercícios com gatos muito jovens.

Estão na ordem do dia:
- × Inspecção dos ouvidos, olhos, dentes e patas.
- × Se necessário, limpar as orelhas com o dedo ou com um pano húmido.
- × Pressionar cada garra para fora da prega da pele. Remover a sujidade, se necessário. Clip off the top tip if there is a risk of the claw cavging into the skin.

× Deitar o gato de costas e mantê-lo nesta posição durante cerca de um minuto. O objectivo é que fique imóvel, mesmo que seja tocado com um pano húmido ou um objecto.

Diga "Não" claramente assim que o gato resista. Continuar com o procedimento. A resistência não deve conduzir ao sucesso. Se o gato tiver sido obediente, dar um mimo como recompensa no final. Mas nunca dar uma recompensa depois de o gato ter resistido.

Acostumar-se à trela

Um gatinho deve também estar acostumado à trela. Poucos gatos adultos se deixarão colocar um arnês se não o souberem. Usar um arnês e andar de trela faz parte do treino. Assim, poderá trabalhar com recompensas.

Comece os exercícios assim que o gato se tiver instalado consigo. Não colocar o arnês imediatamente. Basta colocá-lo nas costas do animal no início para que ele se habitue ao contacto. Dar uma pequena recompensa. Após alguns dias de prática diária, colocar o arnês no gato. Brincar com ela. Ela também pode receber um mimo.
Assim que o seu gato Sphynx estiver disposto a colocar o arnês, pratique com trela no passo seguinte. Um gato não anda com uma trela como um cão. Explorará o terreno à sua própria maneira. Isto significa que dificilmente cobrirá distâncias mais longas com o gato. A única finalidade da trela é limitar o raio de acção do gato. Por outras palavras, impede o gato de fugir.

Isto é precisamente um problema, porque o seu gato Sphynx fugirá instintivamente se for assustado, por exemplo. Ela entra em pânico quando se aperceber de que isso não é possível. Por esta razão, não se deve simplesmente sair da porta com o gato.

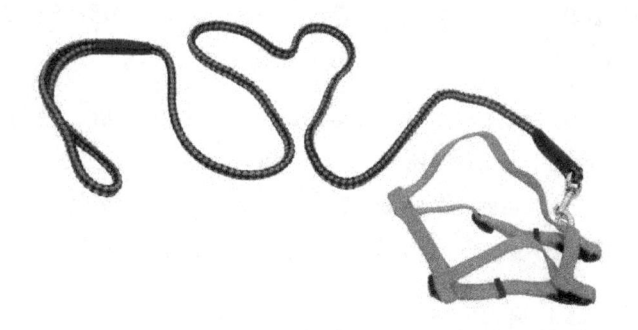

Figura 20: Arnês de gato

Aproximar-se da porta com o gato alugado e abri-la. Puxar suavemente a trela para que o animal reconheça que está amarrado. Saia pela porta num dia calmo com o seu Sphynx. Deixar o gato explorar os arredores. A trela permanece solta, mas de vez em quando é necessário aplicar um puxão suave para lembrar ao gato que ele não pode correr livremente.

Se tiver um arnês com o qual possa amarrar o gato no carro, também é possível andar de carro à trela. Mas introduza lentamente o gato a esta nova experiência. Caminhe com ela à trela para o carro e abra a porta. Deixe o seu gato conquistar tudo por si só, com lepra, é claro. Só afivelar o animal no carro quando este estiver relaxado no veículo.

Mesmo que estejam ansiosos por mostrar ao Sphynx uma floresta próxima, pratiquem a paciência. Não ligue o motor enquanto não reparar que os seus gatos não encontram cintas em perigo. Ponha o carro a trabalhar, mas não parta enquanto o gato não se tiver habituado à nova situação. É suficiente se se conduzir apenas alguns metros no início.

Em geral, evite manobras de condução agitadas com um gato a bordo. Quanto mais descontraído estiver, mais calmamente o gato aceitará a viagem. Aprenderá gradualmente que uma excursão com trela ou de carro é uma grande aventura.

Alguns truques que os gatos aprendem rapidamente

Como já foi mencionado, as palavras de comando são de pouca importância. É mais fácil encorajar o gato a executar uma acção e a dar o comando quando o gato a executa ou quando se sabe que está prestes a acontecer.

1º truque - vir sob comando: Todos os gatos podem fazer isto. Rasga-se o saco com guloseimas e o gato vem a correr. Basta condicionar o animal a palavras como "vir aqui" ou "calcanhar", dando o comando assim que o gato vier a correr.

2º truque - sentar-se ao comando: Isto é um pouco mais difícil, mas também funciona muito rapidamente. Segure a guloseima acima da cabeça do gato. O seu gato não quer perder a presa de vista. Dependendo da posição do ponteiro, ele sentar-se-á para observar o alvo confortavelmente. Diga "Sente-se" e dê a guloseima. Ela só o pode obter quando se senta.

3. truque - penhora: O seu gato Sphynx certamente tentará tudo para ter um mimo na sua mão. Segure-o na sua mão fechada. Dê-lho assim que ela lhe tocar na mão com o nariz ou com a pata. Passado algum tempo, dar a cobiçada guloseima apenas quando o gato lhe toca na mão com a pata. Não se esqueça de dizer "Dar a pata" quando o gato toca na mão com a sua pata.

Figura 21: "Man up" ou "Como é que lá chego?

4. truque - fazer um manequim: Mais uma vez, a única preocupação do gato é conseguir um deleite. Segure-o acima da cabeça do gato enquanto levanta a mão. O seu sphynx alcançará para o obter. Diga "Macho" antes de dar o lanche.

5º truque - saltar através de um aro: Tem várias possibilidades para o conseguir. Por exemplo, pode encorajar o gato a saltar de uma cadeira para o parapeito da janela e a segurar um aro na trajetória de voo. Outro método é colocar um aro na sua extremidade no chão em frente ao gato e atraí-lo através do aro com um lanche. Diga "saltar" ao fazer isto. Quando o gato tiver dominado este exercício fácil, levante um pouco o aro. Deve agora escalar conscientemente através do aro. Levante-a cada vez mais alto até que ela tenha de saltar através dela para alcançar o prazer.

Dica: Alguns gatos Sphynx são particularmente espertos e passam por baixo do aro quando este atinge uma certa altura. Pode fazer o exercício "limbo". Pegue numa vassoura em vez do pneu e o gato tem de rastejar por baixo dela, mesmo que a abertura seja apenas pequena. Outra possibilidade é colocar um obstáculo debaixo do pneu ou esticar um pedaço de pano para que o gato não corra debaixo do pneu.

Os gatos devem ser autorizados a arranhar.

Terá de aparar as garras da maioria dos gatos Sphynx, uma vez que eles furavam a pele do animal. Portanto, os danos ao mobiliário são raros, uma vez que as garras cortadas são relativamente rombas. No entanto, não deve aparar as garras de um gato porque é mais confortável para si ou para proteger o mobiliário. Cada gato tem o direito de se comportar de uma forma adequada à sua espécie e isto inclui o coçar.

Nenhum raspão bate as suas garras numa árvore na natureza para afiar as suas garras. Nem utilizariam uma lima de unhas de madeira. Os gatos marcam o seu território desta forma. Entre os dedos dos pés encontram-se glândulas que segregam cheiros. É assim que os gatos mostram aos seus conspecíficos que reclamam uma área para si próprios. Os riscos profundos na casca são prova do poder do detentor do território.

O seu gato Sphynx também se quer afirmar desta forma. Um poste de arranhar escondido num canto dificilmente é suficiente para um gato. Como regra, ela quer mostrar quem é o dono da casa às portas e janelas, ou seja, exactamente onde é que gatos estranhos se podem intrometer.

Oferecer os gatos Sphynx a coçar tábuas, tapetes e afins nos locais onde eles coçam. Os animais adoram arranhar objectos feitos de cartão canelado porque podem deixar marcas claras nos mesmos.

Se houver o risco de os gatos danificarem portas ou paredes, proteja-os com coberturas de lona. O reboco de rolo ou o papel de parede em fibra de vidro têm-se revelado um sucesso nas paredes.

Os desnaturantes protegem o mobiliário sensível. Sumo e aromas de limões são ideais, porque os gatos não gostam deste cheiro.

Notas sobre ectoparasitas

Como os gatos Sphynx não têm uma pelagem densa e a pele é bastante espessa, não terá problemas com pulgas, piolhos, carraças, ácaros ou piolhos do pêlo. No entanto, deve saber que nenhum gato pode tolerar óleos essenciais e a permetrina, um veneno para os nervos dos gatos, é extremamente perigoso. O envenenamento já é possível se um cão que vive em proximidade com o gato Sphynx for tratado com tais agentes.

O envenenamento por Permetrina manifesta-se por tremores, salivação forte, convulsões, falta de ar, vómitos e diarreia.

Dicas para reduzir o stress

Os gatos da esfinge dificilmente são propensos ao stress. Isto também se deve certamente ao seu temperamento. Mas ocasionalmente há problemas de comportamento que são psicologicamente causados.

Mudar de casa, ir de férias ou mesmo uma mudança (temporária) de proprietário não costuma incomodar os animais. No entanto, podem reagir a mudanças de hábitos com stress. As crianças começam a escola e ficam em casa apenas durante algumas horas, ou uma pessoa que normalmente trabalhava em casa dedica-se agora a uma actividade que leva a uma longa ausência. É necessário compensar tais mudanças. Brincar com o gato mais do que o habitual. Dedicar muito tempo aos animais. Os gatos encontram uma mudança de proprietário menos stressante se o proprietário anterior trouxer os animais para a nova casa. Isto mostra que se confia no novo proprietário (ou nos pais anfitriões durante as férias). É irritante quando um estranho vem e apenas leva os animais. Os gatos assumem que estão a ser raptados.

Também se pode usar aromas para fazer com que os gatos Sphynx se sintam mais confortáveis. É possível obter vários produtos nas lojas:

Os Spot-ons vêm em pequenas pipetas. Espalha-se o conteúdo sobre a pele na parte de trás do pescoço para que o gato não possa lamber os produtos. Infelizmente, alguns gatos reagem alergicamente e o cheiro pode até ter o efeito oposto ao originalmente pretendido. Como os produtos são eficazes por até 4 semanas e existe o risco de os gatos não tolerarem o produto, os spots-ons não são muito recomendados.

Os sprays são adequados para perfumar certos lugares ou objectos, por exemplo, mobiliário novo ou a caixa de transporte. Têm geralmente um efeito calmante e reduzem os medos do gato. Isto também evita que o gato marque novos móveis. Nunca pulverizar o animal com ele. Também não deve entrar em contacto com objectos que ainda estejam húmidos devido ao spray.

Os evaporadores espalham o aroma uniformemente por toda a sala. Pode escolher entre perfumes que têm um efeito calmante ou que proporcionam harmonia aos gatos.

Pode usar **ervas naturais calmantes** em potpourris ou em vaporizadores para óleos perfumados. O cheiro a alecrim, lavanda, bálsamo de limão ou camomila romana tem um efeito calmante sobre os gatos.

As ervas naturais estimulantes como a valeriana ou a catnip são melhor utilizadas selectivamente, por exemplo, esfregando-as num brinquedo. Perfumar a sala com eles poderia tornar os gatos Sphynx demasiado activos. Já não vêm para descansar.

A psicologia dos gatos

Muitos proprietários de gatos têm a certeza de que o seu gato tem uma mama completa, mas o animal apenas se comporta como a natureza manda. O stress com o gato é na realidade o stress que o gato tem com o humano.

Por exemplo, os gatos já são normalmente treinados em casa quando se mudam para a sua casa. A gata mãe mostra-lhe como utilizar um tabuleiro de ninhada. Se ela visita outros lugares, é geralmente porque o tabuleiro do lixo não está limpo. Mas o medo e o stress também são frequentemente desencadeadores.

Se o seu gato lhe está a causar stress, pense nas formas como está a stressar o animal.

Muitos cientistas negam geralmente aos animais a capacidade de pensar. Certamente nem o gato mais esperto resolverá um problema trigonométrico ou falará consigo sobre os poemas de Goethe. O raciocínio abstracto é estranho ao gato. Mas o pensamento como um processo que forma conhecimento a partir de ideias e memórias é familiar a todos os gatos.

Um instinto diz-lhe que se obtém comida através da caça. Quando se vive com humanos, rapidamente se torna evidente que os gatos são capazes de chegar a uma realização a partir da memória. "Eu miava no meu humano e ele abre a caixa dos alimentos".

Desprezar o conteúdo de aprendizagem muitas vezes complexo como simples condicionamento é incompreensível. Por exemplo, um gato aprende a abrir uma porta. Isto leva geralmente ao facto de, a partir de agora, nenhuma porta estar a salvo dela. Transfere o conhecimento para outros locais. Isto significa que pode distinguir entre o obstáculo de uma porta e o obstáculo de uma parede ou janela. Também reconhece a ligação entre o puxador e a abertura de uma porta. Nenhum gato que uma vez tenha compreendido que tem de empurrar o puxador para baixo nunca trabalhará do lado da dobradiça para o abrir. Certamente ninguém negará a uma criança que ela aprendeu a abrir uma porta pensando. Deve também confiar no seu gato para ter alguma capacidade de raciocínio.

Além disso, os gatos mostram claramente que têm livre arbítrio. Não obedecem cegamente a ordens como um cão, mas decidem caso a caso. Obviamente, há uma ponderação de vantagens e desvantagens.

Mas não transfira uma mentalidade humana para os gatos. A sua gata não quer enviar-lhe uma mensagem se não utilizar o tabuleiro da ninhada. Ou o considera completamente inadequado para os seus propósitos ou algo está errado com ela. Tal como as crianças que molham as suas calças, as causas variam muito. Problemas urinários, ansiedade e stress conduzem todos à impureza. Não é intencional.

O seu gato também não conhece a vingança. Se ela atacar imediatamente uma pessoa que a tenha magoado, não é por vingança. Armazenou a experiência de que esta pessoa a magoa. Dependendo do temperamento do animal, ele irá esconder-se desta pessoa ou atacá-lo para o afastar.

Sobre a nossa série:
O meu gato pela vida

Esperemos que o livro lhe tenha dado muitas informações interessantes sobre os encantadores gatos. Vale a pena lidar com os animais, porque são tudo menos criaturas pobres e sobrecriadas. Os gatos do Sphynx são robustos, brincalhões e muito afectuosos. A nudez é, em última análise, uma aberração da natureza e não é cultivada.

Este é o sétimo volume de uma série de guias compactos e verdadeiros sobre o tema do treino de gatos. As raças individuais são apresentadas por autores que têm muitos anos de experiência e amor pelos gatos. Desejamos-lhe muitos anos felizes e descontraídos com o seu animal de estimação!

Ficaríamos satisfeitos com uma avaliação positiva!

A obra, incluindo todo o seu conteúdo, está protegida por direitos de autor. A reimpressão ou reprodução, total ou parcial, bem como o armazenamento, processamento, duplicação e distribuição utilizando sistemas electrónicos, no todo ou em parte, é proibida sem a autorização escrita do autor. Todos os direitos de tradução reservados.

O conteúdo deste livro foi pesquisado com base em fontes reconhecidas e verificado com grande cuidado. No entanto, o autor não aceita qualquer responsabilidade pela actualidade, exactidão e exaustividade das informações fornecidas. As reclamações de responsabilidade contra o autor, que se referem a danos de natureza sanitária, material ou idealista, que foram causados pela utilização ou desuso da informação apresentada e/ou pelo uso de informação incorrecta e incompleta, são em princípio impossíveis, se por parte do autor não houver culpa, como pode ser provado, deliberada ou grosseiramente negligente. Este livro não é um substituto para o aconselhamento e cuidados médicos e profissionais.

Este livro refere-se a conteúdo de terceiros. O autor declara expressamente que no momento da criação das ligações, nenhum conteúdo ilegal era discernível nas páginas ligadas. O autor não tem qualquer influência sobre os conteúdos ligados. Por conseguinte, o autor dissocia-se expressamente de todos os conteúdos de todas as páginas ligadas que foram alteradas após a ligação ter sido estabelecida. Por conteúdos ilegais, incorrectos ou incompletos e especialmente por danos resultantes da utilização ou não utilização de tais informações, apenas o fornecedor da página ligada é responsável, e não o autor deste livro.

M. Mittelstädt, Sherif Khimshiashvili Street N 47 A, Batumi 6010, Georgia

All Rights Reserved.

© copyright 2022 Luis Silva

CPSIA information can be obtained
at www.ICGtesting.com
Printed in the USA
LVHW060205170723
752653LV00009B/673

9 798201 715779